El arte de insultar

Arthur Schopenhauer

El arte de insultar

Edición e introducción de Franco Volpi

Alianza editorial
El libro de bolsillo

Título original: *Die Kunst zu beleidigen*
Traducción de: Fabio Morales

Primera edición en «El libro de bolsillo»: 2005
Segunda edición: 2011
Tercera reimpresión: 2015

Diseño de colección: Estudio de Manuel Estrada con la colaboración de Roberto
Turégano y Lynda Bozarth
Diseño de cubierta: Manuel Estrada

© Verlag C. H. Beck oHG, München, 2003
© de la traducción: Fabio Morales García, 2005
© Alianza Editorial, S. A., Madrid, 2005, 2015
   Calle Juan Ignacio Luca de Tena, 15;
   28027 Madrid
   www.alianzaeditorial.es

ISBN: 978-84-206-4332-8
Depósito legal: M. 450-2011
Composición: Grupo Anaya
Printed in Spain

Si quiere recibir información periódica sobre las novedades de Alianza Editorial,
envíe un correo electrónico a la dirección: alianzaeditorial@anaya.es

Índice

Introducción
Un abecedario de insolencias
por Franco Volpi

.

1. El insulto como último recurso

El arte de insultar es el complemento perfecto del manual *El arte de tener razón,* un repertorio de treinta y ocho estratagemas que Schopenhauer compuso para uso personal pero que nunca llegó a publicar[1]. Al final de su preciosa colección de ardides y trucos que debían ayudar a concluir debates y discusiones de manera exitosa, es decir, a derrotar al oponente con independencia de la verdad, Schopenhauer especificaba los límites de cualquier técnica argumentativa, y con ello la necesidad de un arma adicional y extrema: Si nos topamos con un

---

1. Una edición del texto original alemán preparada por mí apareció como: A. Schopenhauer, *Die Kunst, Recht zu behalten,* Insel, Fráncfort del Meno, 1995, hay traducción castellana: *El arte de tener razón,* Alianza Editorial, Madrid, 2010.

contrincante más avezado y hábil que nosotros, de nada nos servirán los recursos dialécticos o la astucia expositiva; en el nivel discursivo de la argumentación seremos inevitablemente derrotados. Eso no significa, empero, que la partida esté irremediablemente perdida. Como *extrema ratio* –así lo sugiere Schopenhauer con una atrevida insinuación– nos queda un último y pérfido expediente, el número treinta y ocho de su catálogo, que aconseja lo siguiente:

Cuando se advierte que el adversario es superior y que uno no conseguirá llevar razón, personalícese, séase ofensivo, grosero. El personalizar consiste en que uno se aparta del objeto de la discusión (porque es una partida perdida) y ataca de algún modo al contendiente y a su persona: esto podría denominarse *argumentum ad personam,* a diferencia del *argumentum ad hominem:* éste parte de un objeto puramente objetivo para atenerse a lo que el adversario ha dicho o admitido sobre él. Al personalizar, sin embargo, se abandona por completo el objeto y uno dirige su ataque a la persona del adversario: uno, pues, se torna insultante, maligno, ofensivo, grosero. Es una apelación de las facultades del intelecto a las del cuerpo, o a la animalidad[2].

---

2. A. Schopenhauer, *El arte de tener razón,* cit., p. 70. Cf. también, del mismo, *Parerga und Paralipomena,* en *Werke in fünf Bänden,* editado por Ludger Lütkehaus, Haffmans, Zürich, 1988, vol. IV, p. 370 s.

Schopenhauer añade a continuación: «Esta regla es muy estimada; pues, como cualquiera puede ponerla en práctica, se usa con gran frecuencia»[3]. Se trataría de algo sabido, por lo demás, desde la Antigüedad:

¿Cómo no habrían de conocer también los Sofistas el remedio que le permite a cualquiera ponerse a la par con cualquier otro y salvar hasta la más grande distancia intelectual? Me refiero a la ofensa. Las naturalezas inferiores se sienten instintivamente compelidas a usarla en cuanto perciben la superioridad espiritual de alguien[4].

Así pues, insultar, ofender, injuriar, herir y calumniar son el resultado inevitable –como también lo demuestra con creces la experiencia cotidiana– de muchas de nuestras discusiones y polémicas. Las consecuencias son harto previsibles: «Cabe preguntarse a qué otra regla se podría recurrir para contrarrestar la presente; pues si se emplea la misma, el resultado será una pelea, un duelo o un proceso por difamación»[5].

Schopenhauer contempla con preocupación esta posible escalada, y opta por aconsejar a los interlocutores no llegar a tales extremos. Piensa que lo mejor y más prudente es evitar por todos los medios dejarse arrastrar por una espiral tan peligrosa. Con esta finalidad nos imparte algunos consejos prácticos:

3. *Ibid.*
4. Schopenhauer, *Parerga und Paralipomena,* cit., vol. IV, p. 49.
5. *Ibid.*

1. Uno podría ignorar impertérrito los insultos y las injurias del oponente, o restarles importancia. Una serie de ejemplos y anécdotas clásicos que Schopenhauer trae a colación demuestran claramente que los hombres sabios, incluso después de haber sido objeto de las mayores injurias e improperios, no se dejaron provocar y mantuvieron la serenidad[6].

2. Todavía más prudente es el consejo que Aristóteles da en las *Refutaciones sofísticas:* Uno debería poner todo su empeño en evitar trabar discusión con el primero que se presente o con quienes no saben lo que dicen, como los Sofistas. En una palabra: se debería escoger minuciosa y cautelosamente a los interlocutores con los cuales se quiere conversar en serio.

A pesar de todas estas medidas, los insultos e injurias son –como cualquiera sabe demasiado bien por experiencia personal– un género en el que todos nos vemos involucrados a menudo, por más que deseemos evitarlo. En algunas situaciones de la vida parece sencillamente imposible retirarse o

---

6. Cf. *ibid.,* pp. 373-375; cf. también *Skizze einer Abhandlung über die Ehre,* en A. Schopenhauer, *Der handschriftliche Nachlass,* edición de Arthur Hübscher, 5 volúmenes, Kramer, Fráncfort del Meno, 1966-1975, vol. III, pp. 488-490; trad. cast.: A. Schopenhauer, *El arte de hacerse respetar,* Alianza Editorial, Madrid, 2004, pp. 80-87.

permanecer neutral, pues –según nos advierte Schopenhauer– quien es insultado, pierde su honor, aunque el causante de la ofensa sea «el canalla más abyecto, el bruto más estúpido, un ladronzuelo, jugador o contractor de deudas»[7]. Por lo tanto: «Una grosería vence todo argumento y eclipsa cualquier intelecto», y «Que la verdad, el conocimiento, el espíritu y el ingenio vayan recogiendo sus cosas, pues han sido barridos del campo por la divina grosería»[8].

Schopenhauer insiste en este punto en su *Esbozo de un tratado sobre el honor*:

La *grosería* es una propiedad que en lo tocante al honor sustituye y supera a cualquier otra. Si por ejemplo alguien demuestra en una discusión, o en una simple conversación, disponer de un conocimiento más riguroso de un asunto, de un amor mayor hacia la verdad, de un juicio más ponderado que nosotros, o, en general, de cualquier ventaja espiritual que nos haga sombra; entonces podemos neutralizar inmediatamente esta y toda otra superioridad, así como la carencia en nosotros que ella haya puesto de manifiesto, y aparecer nosotros en cambio como superiores, simplemente siendo groseros[9].

---

7. A. Schopenhauer, *Parerga und Paralipomena*, cit., vol. IV, p. 368.
8. *Ibid.*, p. 371; cf. A. Schopenhauer, *El arte de hacerse respetar*, cit., p. 72 s.
9. *Skizze...*, cit., p. 485; (*El arte de hacerse respetar*, cit., p. 72).

Se trata principalmente, por lo tanto, de que tales eventualidades no nos tomen por sorpresa.

2. La escuela de la impertinencia

Aunque el espíritu humano es capaz de producir todo tipo de escarnios, insultos e injurias con prolífica espontaneidad, especialmente cuando se siente agredido, no siempre se nos ocurre el improperio exacto o la ofensa más pertinente cuando más lo necesitamos. Así, el ofender y el insultar, para ser eficientes y alcanzar su meta, deben ser aprendidos y ejercitados, como sucede en la esgrima o cualquier otra técnica de ataque o defensa. Y aunque los insultos y las ofensas suelen ser un signo de temperamento colérico, también presuponen cierto refinamiento. Si uno quiere herir al oponente con una expresión de escarnio completamente apropiada, agudamente pensada y precisamente formulada, necesita disponer de la técnica correspondiente, una técnica que debe ser adquirida y cultivada.

Pero, ¿cuál? Y ¿dónde y con quién puede aprenderse? Schopenhauer viene aquí en nuestro auxilio. El filósofo de Danzig parece haber practicado el género de la burla, el insulto y la ofensa con especial predilección; y aunque nunca escribió un *Arte de ofender,* numerosos indicios permiten colegir que estuvo a punto de hacerlo. Sirva como prueba este catálogo de insultos, injurias, ofensas y escarnios dirigidos a los más diversos destinatarios, extraídos de sus obras publicadas y póstumas, y agrupados aquí por nosotros bajo el título de *El arte de insultar*.

3. Reservas

En honor a la verdad hay que conceder, sin embargo, que Schopenhauer habría considerado con cierto disgusto un arte semejante. Ya las estratagemas bastante útiles de su *Arte de tener razón* no le parecieron más que tretas y ardides abyectos e indignos, de los que el hombre se vale con malicia para superar a los demás. De ahí que los repudiara y nunca los diera a la imprenta[10].

El filósofo de Danzig habría sentido una reserva similar, y con mayor razón, hacia el *Arte de insultar*. Insultar y burlarse es un recurso pérfido, vulgar y de mala educación, y desde la altura aristocrática de su inteligencia filosófica Schopenhauer odiaba descender a un nivel tan bajo. Los motivos de su rechazo se siguen ya de la definición clara y precisa que da del tema:

10. Cf. A. Schopenhauer, *Die Kunst, Recht zu behalten,* cit., p. 12 s.; trad. cast.: *El arte de tener razón,* cit., pp. 16 y ss.

La injuria, y el mero insultar, es una calumnia sumaria, sin mención de razones; esto se podría expresar bien en griego: ἔστι ἡ λοιδορία διαβολὴ σύντομος [el insulto es una calumnia abreviada]. [...] Hay que conceder, sin embargo, que quien insulta pone de manifiesto que no tiene nada sustancial que oponerle al otro; ya que de lo contrario lo invocaría como premisas y dejaría que el auditorio extrajera su propia conclusión; en lugar de ello, proporciona la conclusión y queda debiendo las premisas, queriendo dar a entender así que ello sucede únicamente en aras de la concisión[11].

El insultar conlleva además el riesgo –como ya se mencionó– de una escalada de consecuencias funestas contra la que Schopenhauer nos previene insistentemente, pues «las injurias son como las procesiones, que siempre regresan a su punto de partida»[12].

No obstante, apenas disimula su satisfacción al describir dicha escalada: «[La satisfacción consiste en que] cuando alguien sea grosero, uno lo sea aún más; y si esto no se logra con insultos, que se recurra a los golpes. También aquí se da una gradación en el rescate del honor: las bofetadas se curan con golpes de bastón, y los golpes de bastón con latigazos; e incluso contra estos últimos hay quien recomienda probar con escupitajos. Sólo cuando estos

11. A. Schopenhauer, *Parerga und Paralipomena,* cit., vol. I, p. 361.
12. *Ibid.,* p. 379.

remedios llegan demasiado tarde para curar al paciente, se hace inevitable recurrir a intervenciones sangrientas»[13].

Es cierto que todo lo anterior es severamente censurado. Schopenhauer no alberga al respecto ninguna duda: «Toda grosería es en el fondo un recurso a la animalidad, por cuanto declara sin lugar tanto el conflicto de las fuerzas espirituales y del derecho moral, como su resolución por medio de razones, sustituyéndolos por una lucha de las fuerzas brutas»[14]. Rebajarse a ese nivel significa, en el fondo, apelar al derecho del más fuerte.

4. Schopenhauer como maestro en el arte del insulto y de la ofensa

Por ese solo hecho, Schopenhauer habría sido reacio a la idea de escribir un *Arte de insultar* ordenado metódicamente en reglas. Reunía en su persona, eso sí, las mejores condiciones para llevar a cabo semejante empresa. En sus escritos –sobre todo después del tratado *Sobre la voluntad en la naturaleza,* de 1836– da rienda suelta a su agudeza polémica, se expresa frecuentemente con mordacidad sarcástica e hirientes burlas, usa sin escrúpulos insultos y tér-

---

13. A. Schopenhauer, *Skizze...,* cit., pp. 484 y ss. (*El arte de hacerse respetar,* cit., pp. 71 y ss.)
14. *Ibid.,* p. 485 (*El arte de hacerse respetar,* cit., p. 74).

minos desdeñosos, dirige ofensas e injurias contra todo tipo de personas, y se desata en improperios y maldice a todo lo que se le pone por delante. Se le puede considerar, por lo tanto, como uno de los grandes maestros en el arte de insultar.

Cabría, por otra parte, examinar algo más de cerca el trasfondo biográfico que subyace a una impertinencia de tan categóricas proporciones. Es conocido su temperamento sanguíneo, tajante y fácilmente irritable[15], así como su carácter pesimista y misantrópico, todo lo cual le creó problemas incluso en el seno de su familia, dio lugar a desagradables contratiempos y se convirtió en causa principal del penoso distanciamiento con su madre, como el epistolario familiar pone descarnadamente de manifiesto. Johanna parece dar en el clavo cuando le escribe a su hijo lo siguiente:

Deberías ser más cuidadoso cuando emites juicios generales; ésta es la principal lección que te imparte el mundo circundante; es dura, pero si no cambias, lo será aún más, y probablemente serás muy desgraciado. [...] Tu sabiondez arruina todas tus virtudes y las ventajas que el mundo podría obtener de ellas, sólo porque no puedes controlar tu obsesión de querer saberlo todo mejor que

---

15. No carece de interés la descripción de su carácter, basada en datos grafológicos, hecha por Ludwig Klages, «Schopenhauer in seiner Handschrift», *Zeitschrift für Menschenkunde,* 5 (1926), pp. 1-16; hoy incluida en los *Sämtliche Werke,* vol. VIII, Bouvier, Bonn, 1971, pp. 609-626.

nadie, encontrar errores por doquier salvo en ti mismo, y corregirlo y dominarlo todo. [...] Si fueras menos de lo que eres, provocarías risa; tal como eres, resultas extremadamente desagradable [...] Haces que las personas se irriten contigo sin necesidad[16].

Y, en una de sus últimas cartas antes del rompimiento: «Te has acostumbrado demasiado a insultar. [...] me parece que descalificas y desdeñas excesivamente a quienes no son como tú»[17]. Ello explica también las amargas palabras de despedida:

Ya estoy cansada de soportar tu comportamiento [...] Te has apartado completamente de mí; tu desconfianza; tus críticas hacia mi vida y hacia la manera en que elijo mis amistades; tu conducta excluyente; tu desprecio hacia mi género; tu manifiesta resistencia a contribuir en lo más mínimo a hacerme feliz; tu avaricia; tu mal humor, que desahogas en mi presencia sin la menor consideración hacia mi persona; todo esto y mucho más, hace que me resultes odioso, y nos distancia[18].

La actitud misantrópica, sarcástico-pesimista e irritable de Schopenhauer afectó no sólo su vida fa-

---

16. L. Lütkehaus (ed.), *Die Schopenhauers. Der Familien-Briefwechsel von Adele, Arthur, Heinrich Floris und Johanna Schopenhauer,* Haffmans, Zúrich, 1991, p. 187.

17. *Ibid.,* p. 216.

18. *Ibid.,* pp. 220 y ss.

miliar, sino también la relación con su entorno social y profesional, y, en general, con sus compañeros y contemporáneos. Numerosos casos ya legendarios han dado a sus biógrafos material jocoso y variopinto para sus narraciones[19]. Todo comienza cuando, estando en el colegio de Gota, el genial alumno redacta una sátira contra el catedrático Christian Ferdinand Schulze, que le es tomada a mal y provoca su expulsión del centro educativo[20]. Luego en la universidad, el talentoso y prometedor joven asiste, con impaciencia y aversión, a las clases de algunos catedráticos, en especial de Fichte, cuya *Wissenschaftslehre* (Doctrina de la ciencia) rebautiza como *Wissenschaftsleere* (Vacío de la ciencia). Le cuesta controlar su lengua afilada, incluso frente a Hegel, el filósofo estelar de la época, con quien se enzarza en una polémica cuando defiende su tesis de habilitación. Esta terrible confrontación termina costándole a Schopenhauer su carrera académica. Su exclusión de la universidad, ciertamente injusta, pero de la que él es el principal responsable, lo disgusta aún más y lo aleja para siempre de los catedráticos y filósofos profesionales de todas las tendencias, a los que tacha en su panfleto *Sobre la filosofía*

---

19. La mayor parte está contenido en A. Schopenhauer, *Gespräche,* edición de Arthur Hübscher, Frommann-Holzboog, Stuttgart-Bad Cannstatt, 1971; y en A. Hübscher, «Schopenhauer und die Kunst des Schimpfes», *Schopenhauer-Jahrbuch,* 62 (1981), pp. 179-189.
20. Cf. *Der handschriftliche Nachlass,* cit., vol. I, p. 4.

universitaria de practicantes de una «filosofía bastarda».

Entre los numerosos motivos que lo obligaron a ocuparse detallada y personalmente del problema de las ofensas, cabe mencionar el proceso por difamación que cursó en contra suya una vecina de nombre Caroline Marquet. Ésta lo habría molestado al charlar con amigas en la antesala de su vivienda mientras él se hallaba sumido en su actividad de pensamiento, o acaso –según la versión de otros maliciosos cronistas– mientras atendía la discreta visita de su amante, Caroline Medon. Aparentemente, Schopenhauer habría agredido físicamente a su vecina de cuarenta y siete años de edad, la cual cayó por las escaleras y sufrió heridas. Tras un penoso proceso que se extendió durante cinco años, Schopenhauer fue sentenciado a pagarle una pensión vitalicia.

No es de extrañar, pues, que se interesara por el problema de las ofensas y las injurias incluso desde un punto de vista jurídico, y que leyera obras especializadas sobre el tema, como por ejemplo el libro de Marquard Freher, *Tractatus de existimatione adquirenda, conservanda et omittenda, sub quo et de gloria et infamia* [*Tratado sobre la adquisición, conservación y dilapidación de una buena reputación, así como sobre el honor y la infamia*] (Basilea, 1591), o la investigación, en tres partes, de Adolph Dietrich Weber, *Sobre las inju-*

rias y los libelos (Schwerin-Wismar, 1798-1800, reeditado en 1811 y 1829), a la cual se refiere en su *Esbozo de un tratado sobre el honor*[21].

A medida que Schopenhauer envejece, se acentúa su intransigencia contra todo lo que le parece equivocado en el mundo. Ya no se guarda nada para sí, y, sin temor a ser tachado de grosero, recurre con una frecuencia cada vez mayor al arma precisa del insulto y la ofensa. Hegel y otros pensadores contemporáneos son quienes más suscitan su indignación; sin parar mientes en la dialéctica y la argumentación concreta, ahora recurre directamente al arsenal que había venido acumulando a lo largo de los años, formado de burlas, libelos difamatorios, improperios, ofensas, maldiciones y amonestaciones; así como a todas las armas verbales con las que la madre naturaleza había dotado a su temperamento. «Filosofastros», «charlatanes», «estúpidos», «fanfarrones» –algunos de los calificativos más suaves con los que etiqueta a sus adversarios– aparecen esparcidos por los escritos de sus últimos años, a saber, en: *Los dos problemas fundamentales de la ética* (1841); el prefacio a la segunda edición de *El mundo como voluntad y representación* (1844); la segunda edición, muy aumentada, de su tesis doctoral *Sobre la cuádruple raíz del principio de razón suficiente* (1847); el panfleto *Sobre la filosofía universitaria,* incluido en

---

21. *Skizze...,* cit., p. 477; (*El arte de hacerse respetar,* cit., p. 49).

Parerga y Paralipomena (1851); la nueva edición del tratado *Sobre la voluntad en la naturaleza* (1854); y finalmente, el prefacio a la segunda edición de *Los dos problemas fundamentales de la ética* (1860).

En este último texto –escrito sólo algunos meses antes de morir– Schopenhauer nos brinda, en un alarde de superación de sí mismo, una postrera y genial muestra de su capacidad para insultar y ofender. Ataca nada menos que a la Real Academia Danesa de las ciencias, que no sólo no había premiado su escrito, sino que además había proclamado a su contrincante Hegel como *summus philosophus*. En efecto, sus invectivas contra Hegel y los idealistas alemanes en el tratado presentado a concurso, *Sobre el fundamento de la moral,* habían sido tan fuertes, que la Academia Danesa amonestó en su dictamen reprobatorio la desconsideración de Schopenhauer. Su escrito no sólo no habría discutido la pregunta sobre la que se había convocado el concurso, sino que además «aludía a varios notables filósofos de la contemporaneidad de una manera tan indecente, que suscitaba un profundo y justificado rechazo» *(plures recentioris aetatis summos philosophos tam indecenter commemorari, ut justum et gravem offensionem habeat)*[22]. A ello replicó Schopenhauer con un atrevimiento completamente inusitado, una re-

---

22. El dictamen de la Academia Danesa está transcrito en A. Schopenhauer, *Werke in fünf Bänden,* cit., vol. III, p. 632.

acción doble, que puede ser resumida en dos oraciones procedentes de su propia pluma:

1. He demostrado irrefutablemente que la Real Sociedad Danesa ha preguntado aquello que niega haber preguntado; y que, en cambio, *no* ha preguntado, y ni siquiera hubiese podido preguntar, aquello que dice haber preguntado[23].

2. Si el objetivo de las academias fuese ocultar la verdad todo lo posible, sofocar el ingenio y el talento con todas sus fuerzas, y aplicarse con ahínco a mantener intacta la fama de los farsantes y los charlatanes, esta vez nuestra Academia Danesa lo habría alcanzado plenamente[24].

A pesar de ello, temiendo que sus enérgicas palabras pudieran acarrearle una demanda por difamación, el 26 de julio de 1860 le pidió a su amigo Johann August Becker, Juez de Circuito de Maguncia, que revisara su prefacio a la segunda edición de la *Ética* para determinar si estaba arriesgando demasiado en términos jurídicos, al propinar en él a la Academia Danesa «unas cachetadas y unos papirotazos en la nariz bien merecidos»[25]. Becker le aseguró que

23. *Ibid.,* p. 333.
24. *Ibid.,* p. 355.
25. Cf. A. Schopenhauer, *Gesammelte Briefe,* edición de Arthur Hübs-

no tenía prácticamente nada que temer desde el punto de vista legal, lo que permitió que su *Ética,* con el «muy salpimentado» prólogo, apareciera un día después de la muerte de Schopenhauer... como si su última palabra hubiera sido precisamente un improperio.

5. El presente florilegio

Material este suficiente para sentirnos autorizados a componer un florilegio de insultos e injurias que Schopenhauer dirigió en sus escritos publicados e inéditos a los más diversos destinatarios: a colegas, filósofos, escritores, críticos literarios, recensores, a las mujeres, al sexo, al amor, al matrimonio, a las instituciones sociales, a la moda, al carácter nacional, al maltrato de los animales, al género humano, a la vida, a la historia; en una palabra, a todo el mundo.

La susodicha selección de sentencias ofrece un rico arsenal de invectivas contra las más variadas dianas. Se trata, en particular, de:

1. Ofensas en sentido estricto, contra personas, como por ejemplo contra los idealistas alemanes u otros filósofos de la época.

2. Improperios, con los que Schopenhauer se desahoga en todo tipo de asuntos y situa-

cher, Bouvier, Bonn, 1978, p. 480.

ciones que le parecen perversos o dignos de censura, comenzando por la «filosofía de catedrático de los catedráticos de filosofía», pasando por el derecho de sucesión y el ruido innecesario, hasta llegar a la vivisección.

3. Opiniones, expresiones y juicios de valor que Schopenhauer presenta y concibe sinceramente como verdades firmes, pero que a nosotros se nos antojan meras condenas y descalificaciones; por ejemplo, casi todo lo que dice acerca del género femenino.

4. Finalmente, proposiciones que pertenecen a la esencia misma de la filosofía de Schopenhauer, pero que desde nuestra perspectiva deben ser más bien concebidas como libelos difamatorios o amonestaciones. Por ejemplo: ¿Acaso el sentido común no percibe como una burla hacia el mundo el que Schopenhauer afirme lapidariamente, al inicio de su obra principal, que el mundo es sólo «mi representación»? ¿Y la afirmación de que la vida oscila incesantemente entre el dolor y el aburrimiento, otra de sus famosas tesis, no constituye acaso un insulto contra el milagro de la existencia?

Es probable que sus malhumoradas sentencias susciten las más diversas reacciones en el lector:

desde alegres, como sucede en las descargas contra la barba, el ruido, o el restallar de los látigos; hasta tristes, como cuando se discute acerca del maltrato de los animales y la vivisección.

Algo es seguro, sin embargo: las frases recogidas aquí se grabarán en la mente del lector con la imborrable fuerza del paradigma que hay que tener presente para imitarlo cuando las circunstancias de la vida así lo exijan. De ahí que quepa afirmar que Schopenhauer nos enseña el arte de insultar como se solía enseñar la ética en las escuelas de la Antigüedad: no según el *modus docens,* es decir, mediante la teoría abstracta, sino según el *modus utens,* o sea, a través del ejemplo y la acción concreta.

Acaso se objete, sin embargo, que con este vademécum de imprecaciones le estaríamos endilgando al gran filósofo nada menos que la intención de transmitirnos una doctrina cruda y grosera. Eso no debería, sin embargo, preocuparnos demasiado. Ya Aristóteles consideraba la indignación como una virtud, a saber, como el justo medio entre la indiferencia y la ira frente a –por ejemplo– una ofensa que se nos inflige *(Ética a Nicómaco,* IV, 5); y ¿qué mejor expresión de la indignación que un buen improperio o una ofensa pertinente?

Incluso una inteligencia sutil como la de Jorge Luis Borges encareció en su *Historia de la eternidad* las ventajas del arte de insultar... con la esperanza de que alguien se decidiera algún día a escribir un tratado sobre el tema.

Ojalá que el presente opúsculo de Schopenhauer satisfaga ese desiderátum.

Ediciones consultadas

Sämtliche Werke, edición de Paul Deussen, 13 volúmenes, Piper, Múnich, 1911-1942.

Sämtliche Werke, edición de Arthur Hübscher, 7 volúmenes, 3ª edición, Brockhaus, Wiesbaden, 1972; 4ª edición revisada por Angelika Hübscher; Brockhaus, Mannheim, 1988.

Werke in fünf Bänden, edición de Ludger Lütkehaus; Haffmans, Zúrich, 1988.

Der handschriftliche Nachlass, edición de Arthur Hübscher, 5 volúmenes, Kramer, Fráncfort del Meno, 1966-1975; reproducción fotomecánica, Deutscher Taschenbuch Verlag, Múnich, 1985.

Gesammelte Briefe, edición de Arthur Hübscher; Bouvier, Bonn, 1978; 2ª edición, 1987.

Ein Lebensbild in Briefen, edición de Angelika Hübscher; Insel, Fráncfort del Meno, 1987.

Philosophie in Briefen, edición de Angelika Hübscher y Michael Fleiter; Insel, Fráncfort del Meno, 1989.

Die Schopenhauers. Der Familien-Briefwechsel von Adele, Arthur, Heinrich Floris und Johanna Schopenhauer, edición de Ludger Lütkehaus; Haffmans, Zúrich, 1991.

Das Buch als Wille und Vorstellung. Arthur Schopenhauers Briefwechsel mit Friedrich Arnold Brockhaus, edición de Ludger Lütkehaus; Beck, Múnich, 1996.

Die Reisetagebücher, con un epílogo de Ludger Lütkehaus; Haffmans, Zúrich, 1988.

Gespräche, edición de Arthur Hübscher; Frommann-Holzboog, Stuttgart-Bad Cannstatt, 1971.

Die Kunst, Recht zu behalten, edición de Franco Volpi; Insel, Fráncfort del Meno, 1995 (trad. cast.: *El arte de tener razón,* Alianza Editorial, Madrid, 2010).

Die Kunst, glücklich zu sein, edición de Franco Volpi; Beck, Múnich, 1999 (trad. cast.: *El arte de ser feliz,* Barcelona, Editorial Herder, 2000).

El arte de insultar

A

La abolición de la pena de muerte

A quienes defienden su abolición hay que replicarles: «Eliminad primero el asesinato de la faz de la tierra; luego podéis eliminar la pena de muerte».

La abolición del latín

La abolición del latín como lengua docta universal y su sustitución por esa innovación de la pequeño-burguesía, las literaturas nacionales, representa una verdadera calamidad para las ciencias en Europa.

Las abreviaturas

El *studium brevitatis* [afán de concisión] ha llegado al colmo de cortarle la cola al diablo y escribir Mefisto en lugar de Mefistófeles.

La Academia Danesa y su finalidad

Si el objetivo de las academias fuera reprimir la verdad todo lo posible, sofocar el ingenio y el talento con todas sus fuerzas y aplicarse con ahínco a mantener intacta la fama de los farsantes y los charlatanes, esta vez nuestra Academia Danesa lo habría alcanzado plenamente.

La Academia Danesa y sus contradicciones

He demostrado irrefutablemente que la Real Sociedad Danesa ha preguntado aquello que niega haber preguntado; y que, en cambio, *no* ha preguntado, y ni siquiera hubiese podido preguntar, aquello que dice haber preguntado.

El académico alemán

El académico alemán es demasiado pobre para ser recto y honorable. Su forma de proceder y su método consisten, en consecuencia, en girar, torcer, acomodarse y renegar de sus convicciones; arrastrarse, adular, constituir facciones y establecer relaciones de camaradería; tomar siempre en cuenta a los ministros, a los grandes, a los colegas, a los estudiantes, a los libreros, a los recensores, y, en una palabra, a cualquier cosa menos la verdad y los méritos ajenos. Por eso, casi siempre acaba siendo un bribón muy solícito.

El académico simple

El académico auténtico y simple –por ejemplo, un profesor ordinario de Gotinga– contempla al hombre de genio como a un conejo, al que se puede degustar y aderezar sólo una vez que está muerto; y al que, por lo tanto, hay que disparar mientras viva.

Los actores

Mi propia experiencia de muchos años me ha permitido constatar que la locura se da en una proporción mucho mayor entre los actores. ¡Cómo abusa esta gente de su memoria! Cada día tienen que aprender un nuevo papel, o refrescar uno viejo, papeles que carecen de conexión recíproca, cuando no se contradicen u oponen unos a otros. Cada noche el actor debe intentar olvidarse completamente de sí mismo y ser alguien completamente distinto. Por este sendero se llega derecho a la locura.

La adquisición de libros

¡Qué bueno sería comprar libros si junto con ellos se pudiera comprar el tiempo para leerlos! Pero casi siempre se confunde la compra de los libros con la adquisición de su contenido.

El afán de saber y la curiosidad

El deseo de conocimientos se denomina, si se refiere a lo universal, afán de saber [*Wissbegier*]; y si se refiere a lo particular, curiosidad [*Neugier*]. Los muchachos suelen tener afán de saber; las muchachas pequeñas, mera curiosidad; pero la tienen en grado sumo y con un candor fastidioso.

Los alemanes, un pueblo de la pomposidad

El rasgo característico de los alemanes es la pomposidad: trasluce en su caminar, en su diario quehacer, en su idioma, en su forma de hablar, dar discursos, narrar, comprender y pensar, pero sobre todo en su *estilo* literario: su predilección por los períodos largos, pesados, enrevesados, en los que la memoria se aplica sólo a aprender, durante cinco minutos, la lección que le ha sido asignada, hasta que, concluido el lapso, el entendimiento puede finalmente sacar sus conclusiones y resolver los enigmas. He ahí lo que los complace; y si además se añade un poco de preciosismo, ampulosidad y una afectada *semnotes* [solemnidad], el gozo del autor no conoce límites. En cuanto al lector, que el cielo le dé paciencia.

Los alemanes, un pueblo metafísico

Un error fundamental de los alemanes es que buscan en las nubes lo que tienen delante de sus narices. Cuando uno se atreve a mencionar la palabra *idea* en su presencia, la cual posee para un francés o un inglés un sentido claro e inequívoco, sus pensamientos se remontan a las alturas más etéreas.

Alemania y la vergüenza de pertenecer a ella

Hago constar aquí, para el caso de mi fallecimiento, que desprecio a la nación alemana debido a su exaltada estupidez y que me avergüenzo de pertenecer a ella.

Los amigos

Los amigos se precian de auténticos; los enemigos lo son.

Los amigos de la casa

Los *amigos de la casa* llevan con justicia este nombre, ya que suelen ser más amigos de la casa que de su dueño, en lo cual se parecen más a los gatos que a los perros.

El amor

El hombre que imagina que encontrará mayor placer entre los brazos de una mujer cuya belleza lo atrae que entre los de cualquier otra, es víctima de una ilusión voluptuosa; una ilusión parecida a la que, cuando está concentrada en una *sola* mujer, lo convence firmemente de que la posesión de ésta puede proporcionarle una dicha sin límite.

Cuando [...] echamos una mirada sobre el trajinar de la vida, ocupados como estamos con sus miserias y sufrimientos, intentando con todas nuestras fuerzas satisfacer nuestras innumerables necesidades y defendernos del dolor en todas sus facetas, sin por ello abrigar otra esperanza que conservar precisamente esa atormentada existencia individual, todos logramos entenderla por un corto período de tiempo. De repente, sin embargo, logramos captar en medio del barullo el encuentro de las miradas ensimismadas de dos amantes; pero, ¿por qué tanto sigilo, temor y ocultación? Porque esos amantes son los traidores que procuran perpetuar todas aquellas miserias y calamidades, que de otra forma llegarían a su fin; fin que ellos quieren impedir, como otros lo hicieron antes.

El amor al prójimo

Cuando intentaba expresar, sin extenderme demasiado, la dimensión inmoral del egoísmo y caracterizar de un solo trazo su alcance, buscaba alguna hipérbole muy expresiva, y me topé con la siguiente: muchos serían capaces de matar a una persona con tal de utilizar su grasa para untar sus botas. Pero me contuve al pensar que quizá no se tratase sólo de una hipérbole.

El amor en tiempos de epidemia

La sífilis tiene una influencia mayor de lo que pudiera pensarse en un primer momento, pues tal influencia es no sólo de naturaleza física, sino también moral. Desde que la aljaba de Amor también lleva dardos envenenados, un elemento extraño, hostil e incluso diabólico se ha introducido en la relación entre los sexos, imbuyéndola de una desconfianza siniestra y terrible.

El amor espiritual

Fue una mujer, Diótima, quien le enseñó a Sócrates la ciencia del amor espiritual; y fue Sócrates, el divino Sócrates, el que, para eternizar sin esfuerzo el dolor del mundo, transmitió a la posteridad esta funesta ciencia a través de sus discípulos.

El amor hacia los hijos

El auténtico amor materno es en el ser humano, como en los demás animales, puramente *instintivo,* y por lo tanto concluye una vez que los hijos ya no requieren cuidados físicos. [...] El amor del padre hacia sus hijos es de distinto género y más sólido: se debe al reconocimiento de su más íntimo yo en ellos, y por lo tanto posee un origen metafísico.

El amor sexual en el hombre y la mujer

El hombre tiende por naturaleza a ser inconstante en el amor, así como la mujer se inclina a la constancia. En el hombre, el amor disminuye sensiblemente en cuanto ha sido satisfecho, y casi cualquier otra mujer lo excita más que la que ya posee: añora la variedad. En cambio, el amor de la mujer empieza a crecer desde ese mismo instante. Esto es consecuencia de la finalidad de la naturaleza, que está orientada hacia la conservación de la especie y, por lo tanto, a multiplicarla todo lo posible. El hombre puede, a saber, engendrar hasta cien niños al año, si tiene a su disposición otras tantas mujeres; la mujer, en cambio, aunque tuviera un número similar de hombres, no podría dar a luz a más de uno (si se prescinde de los casos de partos múltiples). Por eso, *él* siempre está buscando otras mujeres, mientras que *ella* se aferra a uno solo; pues la naturaleza la impulsa, de manera instintiva y sin reflexión alguna, a preservar para sí al sostén y al protector de su futura prole.

Aprender de memoria

Ya los niños, en lugar de hacer el esfuerzo por entender un asunto, tienen la desdichada tendencia a
conformarse con palabras y aprendérselas de memoria, para arreglárselas luego como puedan cuando las necesiten. Esta tendencia permanece luego y
convierte el saber de muchos eruditos en pura ha-
bladuría.

La astrología

Una prueba maravillosa de la *subjetividad* miserable
de los seres humanos, que hace que éstos lo refieran
todo a sí mismos y pasen desde cualquier idea a sus
propias personas sin solución de continuidad, lo
proporciona la *astrología,* que retrotrae el movimiento de los grandes cuerpos celestes al pobre yo,
y vincula los cometas con las trifulcas y necedades
terrenales.

B

Baader

Hay muchas clases de filósofo: abstracto y concreto, teorético y práctico; pero este Baader es sólo insoportable.

La barba

La barba debería, por ser casi una máscara, estar prohibida por la policía. Además, como es un símbolo sexual plantado en medio de la cara, resulta *obscena;* de ahí que le guste tanto a las mujeres.

La barba, se suele decir, es connatural al hombre, y es cierto; por eso le resulta muy apropiada al hombre en su estado natural, así como el afeitarse lo es del hombre en su estado civilizado, pues muestra que la violencia animal y cruda —cuyo signo patente para cualquiera es aquella excrecencia propia del sexo masculino— ha tenido que ceder ante la ley, el orden y la urbanidad. La barba incrementa la superficie animal del rostro y la destaca: por ello le imprime a éste una apariencia tan marcadamente brutal; ¡basta con observar de perfil a un hombre barbudo comiendo! Algunos hasta dirán que la barba es un *adorno;* adorno, en todo caso, que desde hace doscientos años no se solía ver sino en judíos, cosacos, capuchinos, prisioneros y asaltantes de caminos. La ferocidad y atrocidad que la barba le confiere a la fisonomía proviene del hecho de que una correspondiente masa *inerte* ocupa la mitad del rostro, precisamente aquella mitad en que se expresa la índole moral del individuo. Además, todo lo barbado es animal.

¡Mirad a vuestro alrededor! Incluso como síntoma exterior de la crudeza triunfante podréis apreciar el elemento que siempre la acompaña: la barba larga, esta impronta sexual en medio del rostro, la cual indica que se estima más la masculinidad —la cual se comparte con las fieras— que la humanidad, pues da a entender que uno quiere ser primero un *macho,* «*mas*», y sólo después un *ser humano*. El rasurar las barbas en todas las épocas y países de elevada civilización surgió del acertado sentimiento contrario, es decir, el que lo incita a uno a tratar de convertirse ante todo en un *ser humano,* y hasta cierto punto en un ser humano *in abstracto,* relegando a segundo plano la diferencia sexual de lo animal. En cambio, el tamaño de la barba ha ido siempre de la mano del carácter bárbaro, cuyo mismo nombre evoca.

Las bellezas crueles

Un hombre podría comparar epigramáticamente a la bella y cruel mujer que ama con un espejo cóncavo que, al igual que éste, resplandece, enciende y consume sin por ello perder su frialdad.

Las bibliotecas

Así como las capas geológicas preservan estratificados los seres vivos de épocas pasadas, así las estanterías de las bibliotecas conservan también por estratos los errores pasados y su crónica; éstos, como aquéllos, estuvieron en su tiempo muy vivos e hicieron mucho ruido, aunque ahora se encuentren tan rígidos y fosilizados que únicamente la paleontología literaria se interesa por ellos.

C

La caballería

La caballería, como forma de vida social, está entretejida de retazos de costumbres bárbaras y presuntuosas, con todas sus formalidades y patrañas meticulosamente especificadas e integradas en un sistema, sus supersticiones degradantes y una veneración hacia las mujeres digna de los simios, de la que aún hoy nos queda una secuela, la galantería, que es retribuida con merecida arrogancia por el sexo femenino y proporciona a los asiáticos un inagotable motivo de burla, como se lo habría proporcionado a los griegos. En la época dorada de la Edad Media, es cierto, lo que existía era una completa y metódica servidumbre a las mujeres, con imposición de pruebas heroicas, *cours d'amour,* sentimentales cantos de trovador, y así sucesivamente;

hay que observar, empero, que estas últimas tonterías, que al fin y al cabo también poseen su faceta intelectual, habían alcanzado su apogeo en Francia; mientras que entre los alemanes torpes y materialistas los caballeros se distinguían sobre todo en la bebida y el pillaje; los banquetes y los castillos de bandidos eran su elemento; y con todo, tampoco faltaron entre ellos, al calor de los fogones, algunas estrofas trovadorescas.

Los cartesianos y la consciencia de los animales

Si un cartesiano se hallara entre las garras de un tigre, comprendería profundamente cuán tajantemente éste traza la diferencia entre su Yo y su No-yo.

Las cátedras

Esos establos con pienso que son las cátedras constituyen, en términos generales, el entorno ideal para los rumiantes. En cambio, aquellos que prefieran atrapar su propio alimento de manos de la naturaleza se hallarán mejor a la intemperie.

El catedrático

El escándalo filosófico de los últimos cincuenta años no se hubiera producido de no ser por las universidades y el público estudiantil que asimilaba crédulo todo lo que se le ocurriera decir al catedrático de turno.

Los profesores de filosofía

Los profesores de filosofía se han comportado conmigo como Luis XIV lo hizo con su hermano gemelo cuando le puso *la máscara de hierro* y lo encerró en la Bastilla.

El centro del universo

Si se le diera a cada cual a escoger entre su propia destrucción y la del resto del mundo, no necesito decir qué decisión tomaría la mayor parte de la gente. Ello demuestra que cada uno se coloca a sí mismo en el centro del universo, refiere todo a sí mismo, y sopesa cualquier cosa que suceda (como por ejemplo los cambios más importantes en el destino de los pueblos) por las repercusiones que pueda tener sobre *su interés,* convirtiendo a estas últimas, por muy insignificantes y circunstanciales que sean, en el objeto principal de sus reflexiones. No hay mayor contraste que el que se da entre el espacio privilegiado y exclusivo que cada cual se reserva para sí mismo y la indiferencia con que todos los demás suelen mirar su individualidad (como él la de ellos). Es gracioso, asimismo, presenciar cómo un sinnúmero de personas se consideran, cada una por su cuenta, como las únicas *reales,* al menos en la práctica, mientras que, hasta cierto punto, ven a los demás como meras fantasmagorías. [...] El único mundo que cada cual conoce y del que tiene noticia es el que lleva en su interior, como representación, y por eso se coloca en su centro. De ahí que cada uno sea lo máximo para sí mismo.

El cerebro

El cerebro es el parásito, o el pensionista, de todo el organismo.

Chasqueadores del látigo

Debo denunciar el verdaderamente infernal chasquido del látigo que resuena en las callejuelas de las ciudades, que priva a la vida cotidiana de toda tranquilidad y recogimiento, como el ruido más irresponsable y perjudicial que existe. Considero que nada como el permiso para usar la fusta indica tan claramente el grado de embrutecimiento y de irreflexión que ha alcanzado el género humano. Este golpe repentino, seco, que paraliza el cerebro, impide la concentración y aniquila cualquier pensamiento, tiene que ser doloroso para todos los que lleven en su cabeza cualquier asomo de idea, y cada uno de los estallidos debe interrumpir a cientos de personas –no importa lo ordinario de su clase– en sus actividades mentales; con mayor razón, por lo tanto, este ruido habrá de cercenar las meditaciones del pensador, de una manera tan dolorosa y funesta como el hacha de un verdugo divide el tronco de la cabeza. Ningún sonido rebana el cerebro tan eficazmente como este malhadado chasquido del látigo; ejerce sobre él el mismo efecto que el del más mínimo roce sobre la *mimosa pudica;* y es igual de duradero. Con todos mis respetos por la sacrosanta utilidad, no entiendo cómo el mero hecho de transportar un cargamento de arena y estiércol habría de otorgarle a un mozo el privilegio de asfixiar en su germen cualesquiera pensamientos que pudieran estar apareciendo sucesivamente en diez mil cabezas (el equivalente a media hora de recorrido por la ciudad). Los golpes de martillo, el ladrido de los perros y el llanto de los niños son ruidos insoportables; pero el verdadero asesino de las ideas es el restallar de la fusta. Su misión es hacer trizas cualquier buen instante de recogimiento que alguien pueda estar experimentando. [...] El malhadado estallido del látigo es no sólo innecesario, sino inútil. Pues su pretendido efecto físico sobre los caballos es neutralizado por la costumbre de abusar continuamente de él, y por lo tanto se reduce a cero; los caballos no aceleran su trote al escucharlo. [...] Incluso si se concediera que es absolutamente indispensable para recordar a los caballos la presencia del látigo, el mismo efecto se lograría con uno cien veces más débil; pues es sabido que los animales prestan atención a los menores signos auditivos o visuales, por muy endebles que sean; los perros y los canarios amaestrados dan pruebas sorprendentes de ello. Por lo tanto, el asunto se reduce a una mera arbitrariedad, por no decir a una impertinente burla, que la sociedad que trabaja con las manos ejerce contra aquella que trabaja con la cabeza. El que semejante infamia se tolere en las ciudades es una injusticia y una barbaridad flagrante; sobre todo porque sería muy sencillo extirparla imponiendo por medios policiales la presencia de un nudo en el extremo del cordón del látigo. A fin de cuentas, ¿qué hay de malo en recordarles a los proletarios el trabajo intelectual de las clases que están por encima de ellos, si cualquier tipo de esfuerzo mental les inspira un temor irrefrenable? Pero ni todos los filántropos del mundo, incluyendo las asambleas legislativas que derogan –y con razón– los castigos corporales, me podrán convencer de que un sujeto que atraviesa las callejuelas estrechas de una ciudad muy poblada con simples caballos de posta o sobre un jamelgo de carreta, o que camina al lado de sus animales chasqueando una fusta larguísima con todas sus fuerzas, no merece ir directamente a la cárcel para recibir allí cinco bastonazos bien dados. [...] Tomando en cuenta el cúmulo de atenciones que generalmente ya se le dispensan al cuerpo y a todos sus placeres, ¿acaso no merece también la parte pensante del alma algún cuidado, protección, y no se diga respeto? Los carreteros, descargadores, peones y personas semejantes son los animales de carga de la sociedad, y deben ser tratados, qué duda cabe, humanamente, con justicia, benevolencia, indulgencia y previsión; pero no se les debe permitir que entorpezcan con ruidos las aspiraciones más elevadas del género humano. Me pregunto cuántos pensamientos grandes y hermosos han sido restallados ya de este mundo por esos látigos de marras. Si de mí dependiera, establecería en las mentes de los carreteros un indisoluble *nexus idearum* [asociación de ideas] entre el fustigar del látigo y la recepción de bastonazos.

Los chinos

Los chinos sólo pueden concebir un gobierno monárquico; ni siquiera se imaginan lo que es una república. Una delegación holandesa que estuvo en China en el año de 1658 se vio obligada a declarar que el Príncipe de Orange era su rey; pues de lo contrario, los chinos se hubieran visto obligados a considerar a Holanda como una guarida de piratas que vivían sin jefe alguno.

Científicos de la naturaleza con pretensiones de filósofos

A algunos investigadores de la naturaleza hay que enseñarles que se puede ser un zoólogo hecho y derecho, haber recolectado las sesenta especies de simios, y, sin embargo, si aparte de eso no se ha aprendido más que la propia cartilla, no ser, a fin de cuentas, sino un ignorante al que es preciso catalogar como uno más del montón. En la época actual este fenómeno se da, por cierto, con mucha frecuencia: hay gentes que se sienten llamadas a ser las luminarias del mundo, y que han aprendido su química o su física, su mineralogía o su zoología, o acaso su fisiología, pero nada más; embuten en ésta el resto de los otros saberes que ya poseen, es decir, lo que se les quedó adherido de las doctrinas del catecismo que aprendieron en sus tiempos escolares; y cuando creen que estas dos cosas no encajan bien la una con la otra, se convierten en blasfemos y luego en materialistas superficiales y groseros. […] En general, cualquiera que con un realismo pueril e ingenuo se da así a la tarea de dogmatizar de un día para otro sobre el alma, Dios, el comienzo del universo, los átomos o cosas por el estilo, como si la *Crítica de la razón pura* hubiera sido escrita en la luna y aún no nos hubiera llegado un ejemplar a la tierra, pertenece a la chusma; enviadlo a la sala de los sirvientes, para que divulgue allí su sabiduría.

El cigarro

El cigarro es para el hombre corriente un grato sucedáneo de las ideas.

Clío, musa de la historiografía

Clío, la musa de la historiografía, está completamente infectada de mentiras, como una prostituta callejera lo está de sífilis.

Coito y embarazo

El coito es principalmente asunto del hombre; el embarazo, sólo de la mujer.

El color blanco de la piel

Permítaseme exponer aquí, de pasada, mi creencia de que la piel blanca no es connatural al hombre, sino que éste tiene por naturaleza la piel negra o marrón, como nuestros antepasados, los habitantes de la India; que, por lo tanto, la naturaleza jamás dio a luz hombre blanco alguno; que la raza blanca, por mucho que se hable de ella, no existe; y que un hombre blanco no es más que un hombre pálido. Forzado a emigrar hacia el norte, donde sólo podía sobrevivir como las plantas exóticas y donde, al igual que éstas, necesitaba de un invernadero, el hombre, con el correr de los siglos, empalideció.

La comedia del mundo

Así como a las abejas les es inherente el instinto de construir celdas y un panal, así los seres humanos están supuestamente movidos por el afán de representar colectivamente una comedia del mundo de grandes proporciones y estrictas exigencias morales, de la cual ellos serían simples marionetas y nada más; aunque con la significativa diferencia de que el panal de abejas sí llega a construirse, mientras que en lugar de la comedia moral del mundo lo que se representa al final es una comedia de características harto inmorales.

La conciencia como tribunal

Kant nos ofrece, en el seno mismo del alma, un tribunal completo, con proceso, jueces, fiscales, abogados defensores y veredicto. Si lo que pasa realmente en nuestro interior fuese tal como él nos lo representa, uno tendría que asombrarse de que hubiera alguien no voy a decir lo suficientemente *malo,* sino incluso *tonto,* como para obrar en contra de su conciencia. Pues una instancia sobrenatural de naturaleza tan peculiar, situada en nuestra autoconciencia, y que se parece a un tribunal de jueces embozados en el oscuro misterio de nuestra intimidad, nos infundiría a todos un terror y una δεισιδαιμονία [miedo a los demonios] tales, que nos disuadiría de tratar de obtener beneficios menores y pasajeros a costa de violar la amenazadora prohibición de fuerzas sobrenaturales terribles que se expresan de una manera tan inequívoca e inminente. Lo que realmente presenciamos es, más bien, todo lo contrario: la efectividad de la conciencia es generalmente considerada hasta tal punto endeble, que todos los pueblos han procurado siempre apuntalarla mediante la religión positiva, cuando no reemplazarla completamente por ésta.

Los congresos de filosofía

Se trata de una *contradictio in adjecto* [autocontradic-ción], pues los filósofos aparecen sobre la tierra pocas veces en dúo, y casi nunca en número mayor de dos.

Los conocimientos de los catedráticos

Debe tomarse en cuenta que a muchos académicos la enseñanza constante a través de su cátedra y sus es-critos les deja muy poco tiempo libre para estudiar. La frase *docendo disco* [enseñando aprendo] no es completamente cierta; más bien, uno se siente a ve-ces tentado de parodiarla así: *semper dicendo, nihil disco* [si siempre enseño, nada aprendo]; e incluso, no es descabellado lo que Diderot pone en boca del sobrino de Rameau: «¿Y creéis acaso que estos maes-tros entenderán las ciencias en las que imparten cla-ses? Poses, mi querido señor, poses. Si las conocieran en grado adecuado para enseñarlas, no las estarían enseñando». «¿Y por qué no?» «Porque habrían empleado toda su vida en aprenderlas.»

El convento

Un *convento* es una congregación de personas que han hecho voto de pobreza, castidad y obediencia (es decir, que han renunciado a su propia voluntad), y que intentan mediante la vida en común aliviar el peso de su existencia y especialmente dicho estado de severa renuncia, gracias a la determinación y el consuelo que les brinda la compañía de personas que piensan como ellos y soportan los mismos sacrificios […] Ésta es la definición normal de convento. ¿Y quién podrá llamar a semejante sociedad una asociación de necios y bufones, como estaría obligado a hacerlo de acuerdo a cualquier filosofía distinta a la mía?

El cristianismo y la manera como trata a los animales

Otro error fundamental e inexcusable del cristianismo, […] cuyas consecuencias nefastas constatamos a diario, es el hecho de que, de una manera antinatural, ha desprendido al ser humano del *mundo de los animales,* al cual pertenece de manera esencial, dando valor exclusivamente al hombre, y considerando a los animales como meros *objetos* […] Dicho error fundamental es una consecuencia de la creación a partir de la nada, según la cual el Creador (capítulos 1 y 9 del Génesis) habría hecho entrega al hombre de todos los animales, para que *gobernase* sobre ellos cual si fueran cosas, sin siquiera recomendarle que los tratase bien (como hace hasta un vendedor de perros cuando se separa de sus cachorros); después, en el segundo capítulo, lo nombra catedrático de zoología, al asignarle la tarea de dar a todos los animales el nombre que portarán de ahí en adelante; lo cual viene a confirmar la total dependencia de éstos respecto del hombre, es decir, su total indefensión ante la ley. ¡Divina *Gangā!* ¡Madre de nuestra especie!

Un anuncio de la muy digna «Asociación para la protección de los animales», de Múnich, fechado el 27 de noviembre de 1852, se propone con la mejor de las intenciones difundir las «disposiciones que predican el buen trato con el mundo de los animales» contenidas en la Biblia, y cita: Proverbios de Salomón, 12, *10;* Eclesiastés 7, *24;* Salmos 147, *9;* 104, *14;* Job 39, *41;* Mateo 10, *29.* Pero esto no es más que una *pia fraus* [mentira piadosa], basada en el cálculo de que no se consultarán los pasajes aludidos; apenas el primero de ellos, muy conocido, dice algo sobre el asunto, aunque de una manera bastante tímida; en el resto se alude ciertamente a los animales, mas no se dice nada sobre su buen trato. ¿Y cómo reza aquel primer pasaje?: «El justo se apiada de sus bueyes» ¡«Se apiada»! ¡Qué expresión! Uno se apiada de un pecador, de un criminal, no de un animal inocente y leal, que a menudo sirve de alimento a su dueño y no recibe a cambio sino miserables raciones de pienso. ¡«Se apiada»! Uno no debe apiadarse de los animales, sino ser justo con ellos.

Los críticos anónimos

Un crítico anónimo es un sujeto que no *quiere rendir cuentas* sobre lo que dice o calla acerca de los demás y de las obras que éstos producen.

Hay que considerar de entrada al crítico anónimo como un bribón que desde el principio se propone engañarnos. Así lo intuyen aquellos críticos que escriben en las revistas *honnêtes* [honestas] y firman con nombre y apellido.

Cuando se trata de atacar, Don Anónimo personifica a Don Canalla.

Antes que nada, habría que eliminar ese refugio de toda bellaquería literaria, el *anonimato*. Ha sido introducido en las revistas literarias so pretexto de proteger al crítico honorable, mentor del público, de la cólera del autor reseñado y de la de sus padrinos. Sólo que por cada caso como éste hay cien más en los que sólo sirve para librar de toda responsabilidad al que no está en condiciones de defender aquello que dice, o incluso para encubrir la vergüenza de quienes son lo suficientemente venales e indignos como para elogiar ante el público un libro malo a cambio de la propina de un editor. A menudo sirve también para tapar la mediocridad, la insignificancia y la incompetencia del que juzga. Es increíble la desfachatez de algunos sujetos y las trampas que cometen cuando se sienten amparados por el anonimato. Así como existen antídotos, sirva como *antídoto universal contra la crítica* contenida en todas las recensiones anónimas, sin importar si pecan por alabar lo malo o censurar lo bueno, el siguiente: «¡Bribón, danos tu nombre! Pues sólo los pícaros y los criminales se cubren el rostro o se ocultan tras una capa para asaltar a la gente decente». Por lo tanto: «*¡Danos tu nombre,* bribón!» […] ¿Acaso se permitiría que un hombre, estando enmascarado, arengara a la multitud o hablara ante una asamblea? ¿Y qué tal si éste, para colmo, se atreviera a atacar a los demás y cubrirlos de oprobios? ¿No lo pondrían enseguida de patitas en la calle?

Quien escribe y polemiza anónimamente se hace *eo ipso* sospechoso de querer engañar al público o manchar impunemente el honor ajeno. Por eso, para mencionar al crítico anónimo, aunque sea ocasionalmente y sin ánimo de censurarlo, se deberían emplear epítetos como: «el cobarde y anónimo bribón tal o cual» o «el embozado y anónimo truhán de tal o cual revista», y así sucesivamente. Éste es en verdad el tono correcto y apropiado para referirse a tales sujetos y dejarlos sin trabajo.

Una impertinencia particularmente ridícula de semejantes críticos anónimos consiste en que éstos, al igual que los reyes, se valen del «nosotros», cuando más bien deberían hablar no sólo en singular, sino en diminutivo, e incluso en «humillativo», utilizando expresiones tales como por ejemplo «Mi despreciable poquedad», «Mi cobarde astucia», «Mi embozada incompetencia», «Mi pobre piltrafa», etc. ¡Así deberíais hablar, bribones encubiertos, serpientes que siseáis desde la oscura guarida de vuestra «revista literaria de provincia» y que merecéis que se os cierre definitivamente el negocio!

En cuanto a mí, preferiría dirigir un casino o un burdel antes que semejante antro de críticos anónimos.

Los críticos literarios

Hay críticos que consideran que depende de ellos establecer lo que es bueno y malo, y confunden su trompeta de juguete con los clarines de la fama.

Los curas

¡Nuestra situación es verdaderamente precaria! De un lado, un breve lapso de tiempo para vivir, repleto de fatigas, necesidades, angustias y dolores, sin saber en lo más mínimo *de dónde* venimos, *adónde* vamos ni *por qué* vivimos; de otro, curas de toda laya, con sus correspondientes revelaciones sobre el tema y amenazas contra los incrédulos.

D

Las «damas»

La mujer en Occidente, o sea, lo que ahora se suele llamar una «dama», se encuentra en una *fausse position* [falsa posición]: pues la mujer, llamada con razón por los antiguos *sexus sequior* [segundo sexo], no merece en absoluto ser el objeto de nuestro respeto y veneración, llevar la cabeza más erguida que el hombre o poseer los mismos derechos que éste. Las secuelas de esta *fausse position* se hacen sentir a cada paso. Sería por lo tanto muy deseable que también en Europa se le restituya a este número dos del género humano el sitio que naturalmente le corresponde, y se pusiera coto al uso abusivo de la palabra «dama», hoy tan ridiculizado en toda Asia como lo habría sido antaño en Grecia y Roma. [...] La auténtica «dama» europea es una entidad que ni siquiera debería existir; basta con que haya amas de casa, y jovencitas que, por aspirar a serlo, deben ser educadas no para ser arrogantes, sino hogareñas y sumisas.

Los demagogos de la actualidad

En todos los lugares y épocas ha habido siempre mucha insatisfacción con los gobiernos, las leyes y las instituciones públicas; por lo general ello se ha debido, empero, a que se tiende a achacar a éstos la culpa de la miseria que acompaña indefectiblemente a la existencia humana; miseria que es la maldición, por hablar en términos míticos, que recayó sobre Adán y, con él, sobre los de su especie. Sin embargo, nunca antes había sido representada esta farsa de manera tan mendaz y atrevida como ahora lo es por los demagogos de «la actualidad». Éstos, en efecto, en cuanto enemigos de la cristiandad, son optimistas. El mundo es para ellos «un fin en sí mismo», y por lo tanto se encuentra como tal –es decir, según su constitución natural– dispuesto de manera excelente; una verdadera morada de la felicidad, en fin. En cuanto a los colosales males del mundo que claman contra este aserto, los atribuyen a los gobiernos; bastaría con que éstos cumplieran con sus obligaciones, dicen, para que el paraíso se instalara sobre la tierra; es decir, todos podríamos, sin ningún esfuerzo, hartarnos de comida, beber a nuestras anchas, propagarnos y finalmente estirar la pata. Así cabe, en efecto, parafrasear aquel «fin en sí mismo» y la culminación de ese «progreso ilimitado de la humanidad» cuyo advenimiento no se cansan de anunciar con frases altisonantes.

Derecho sucesorio

Que la propiedad adquirida por los hombres a través de largos y sostenidos trabajos vaya a parar más tarde a manos de las mujeres, para que éstas, debido a su insensatez, la dilapiden o la malgasten como sea en poco tiempo, es un absurdo que se debería impedir limitando el derecho que tienen las mujeres a heredar.

El deseo sexual

El deseo sexual, sobre todo cuando está concentrado, debido a su fijación en una mujer particular, por el enamoramiento, es la quintaesencia de la gran estafa de este bendito mundo; pues aunque es indecible, infinito y desmedido lo que promete, es muy poco lo que cumple.

El destino

La «lucha del hombre contra el destino» […] es una noción ridícula, si no por otra cosa, al menos porque implica una pugna contra un oponente invisible, un paladín de capa vaporosa contra el cual, por lo tanto, todo golpe sería en vano; cuanto más hiciéramos por combatirlo, más caeríamos en su poder; así les sucedió a Layo y Edipo. Si además se toma en cuenta la omnipotencia del destino, se concluirá que intentar combatirlo es la más absurda de las pretensiones.

La dignidad del ser humano

La expresión *«dignidad del ser humano»,* utilizada otrora por Kant, se convirtió luego en contraseña de todos los moralistas carentes de juicio e ideas, que quisieron disimular el hecho de que no disponían de un verdadero (o al menos inteligible) fundamento de la moral, por medio de la expresión intimidatoria *«dignidad del ser humano»,* suponiendo –muy prudentemente– que sus lectores se sentirían encantados con la dignidad de marras y no harían más preguntas.

Dios como objeto de la filosofía

Dios es para la filosofía reciente lo que para los últimos reyes de Franconia eran los *majores domus* [los antepasados de la casa]: un nombre vacío que se conserva para hacer lo que a uno le venga en gana de una manera más cómoda y sin que los demás protesten.

Dios como creador

Si un Dios creó este mundo, no me gustaría ser ese Dios: las miserias del mundo me partirían el alma.

Dios como persona

Cuando se estudia el *budismo* a partir de sus fuentes, de repente se ve todo claro: ni rastro del necio discurso acerca de un mundo creado a partir de la nada, ni de un sujeto que aparece de súbito para construirlo. ¡Fuera con esta basura!

Dios y nuestros filósofos de mentirillas

Nuestros *filósofos de mentirillas* toman a Dios como conocido, y explican el mundo a partir de él. Con ello creen estar haciendo un gran aporte. Lo cierto es que el susodicho, tanto en lo que concierne a su *existentia* como a su *essentia*, es = x, o sea, es una mera palabra.

Los dueños y tratantes de esclavos

Esos diablos con apariencia humana, los dueños y tratantes de esclavos de los Estados Libres de Norteamérica (que más bien deberían llamarse Estados de la Esclavitud) suelen ser por lo general anglicanos ortodoxos y devotos, que considerarían como un grave pecado trabajar los domingos, y que, confiando en su observancia del asueto, en su regular asistencia a la iglesia y cosas por el estilo, aspiran a la salvación eterna.

E

Editores y tipógrafos

Las autoridades sanitarias deberían velar, en interés de la vista, por que la pequeñez de la letra no sobrepasase nunca cierto límite.

La época

Cada vez que intentamos hacer prosperar el conocimiento y la sabiduría de los seres humanos, nos topamos con la resistencia de la época, que se parece a una carga que tuviéramos que levantar y que nos aplasta contra el suelo a pesar de nuestros mayores empeños. Entonces debe consolarnos la certeza de que a pesar de que los prejuicios estén en contra nuestra, tenemos la verdad de nuestro lado, la cual, si recibe el apoyo de su aliado, el tiempo, saldrá vencedora; si no hoy, mañana.

Mi época y yo no concuerdan entre sí, de eso no hay duda. Pero ¿quién de nosotros ganará el juicio ante el tribunal de la posteridad?

Erudición

La erudición se me parece a una armadura pesada que sin duda hace invencible al hombre fuerte, pero que para el débil es una carga bajo la que éste termina por sucumbir.

El erudito

La *peluca* es el símbolo, bien escogido, del erudito como tal. Adorna la cabeza con una gran masa de cabello ajeno cuando escasea el propio; de la misma manera, la erudición se compone esencialmente de una gran cantidad de pensamientos ajenos, los cuales, por cierto, no la adornan tan bien y naturalmente como aquellos que brotan del origen y del suelo inherentes a uno mismo; ni son tan aplicables a todos los casos ni adaptados a todos los fines; ni están tan arraigados; ni, una vez que han sufrido desgaste, pueden ser inmediatamente reemplazados por otros de la misma procedencia.

Para quien estudia con el propósito de *comprender* las cosas, los libros y las investigaciones son meros peldaños de una escalera con la que se asciende hasta la cima del conocimiento: en cuanto un peldaño ha permitido ascender un paso, hay que abandonarlo. La mayoría de la gente, en cambio, estudia para llenar su memoria y no utiliza los peldaños de la escalera para ascender, sino que los desmonta y se los echa al hombro para llevárselos, alegrándose del creciente peso de su carga. Permanecen siempre abajo, ya que sostienen aquello que debería sostenerlos a ellos.

Los escritores

Los *escritores* pueden dividirse en estrellas fugaces, planetas y estrellas fijas. Las primeras proporcionan golpes de escena momentáneos; uno levanta la vista, exclama ¡mira, allí!, y un instante después se han esfumado para siempre. Los segundos, es decir, los astros errantes que vagan por el cielo, tienen mucha más sensatez. A menudo brillan más intensamente que las estrellas fijas, aunque ello se debe a su cercanía, y suelen ser confundidos con éstas por los profanos. Sin embargo, incluso ellos ceden pronto su lugar, su luz es prestada, y su esfera de influencia está limitada a sus vecinos orbitales (a sus contemporáneos). Yerran y cambian; lo suyo es describir una órbita de varios años. Sólo las estrellas fijas son invariables, se mantienen inmóviles en el firmamento, poseen luz propia, y su influencia no se restringe a un lugar, dado que, por no poseer paralaje, su apariencia no es afectada por el hecho de que nosotros modifiquemos nuestra posición. No están circunscritas, como aquellos otros cuerpos celestes, a un solo sistema solar (nación), sino que pertenecen al universo entero. Pero precisamente por lo elevado de su posición, su luz requiere casi siempre muchos años para ser vista por los habitantes de la tierra.

Los escritores de filosofía

La primera regla del buen estilo, casi la única necesaria, es *que se tenga algo que decir*. ¡Hay que ver cuán lejos se llega con ella! Pero los escritores de filosofía y, en general, todos los ensayistas de Alemania, se distinguen por transgredirla, especialmente desde tiempos de Fichte. A todos estos escribanos se les nota que quieren dar la *impresión* de tener algo que decir, cuando en realidad no lo tienen.

El rasgo general de las obras *filosóficas* de este siglo es que están escritas sin que en realidad se tenga nada que decir; ese rasgo se encuentra en todas ellas, por lo que se puede estudiar a voluntad en Salat, Hegel, Herbart o Schleiermacher: se diluye, siguiendo el método homeopático, una mínima y debilitada porción de pensamiento en cincuenta páginas de verborrea, y luego, con una confianza ilimitada en la proverbial paciencia del lector alemán, se prosigue imperturbable la narración de chismes página tras página. La mente condenada a leer esto espera en vano toparse con pensamientos verdaderos, sólidos y sustanciales; languidece y añora la aparición de una idea cualquiera, como el viajero del desierto arábigo añora el agua... hasta que al final muere de sed.

Escritores descuidados

Quien escribe de forma descuidada da testimonio, por lo pronto, de que no le atribuye demasiado valor a sus propios pensamientos.

Si ya es una impertinencia interrumpir a los demás, una no menor lo es el interrumpirse a sí mismo, como sucede desde hace varios años con un tipo de construcción de frases utilizada, con gran regodeo, al menos seis veces en cada página por todos esos pésimos, negligentes y apresurados escribanos que sólo tienen en la mira el pan de cada día. Tal construcción consiste –si hemos de dar, como se debe hacer siempre, la regla junto con su correspondiente ejemplo– en que una frase sea interrumpida para encolar otra en medio de ella. Aquellos escritores no hacen esto tanto por pereza como por estupidez, ya que lo consideran como una simpática *légèreté* que alegra la exposición.

Muchos escriben de la misma manera en que se forman los pólipos de coral: un período sucede al otro, y la cosa sigue su curso hasta donde Dios los lleve.

La lengua alemana es víctima de una *grabuge* [reyerta]: todos quieren meter la mano en ella, y cualquier bribón chupatintas la muele a palos.

Escritores mediocres

Aquellas cabezas vulgares, definitivamente, no pueden decidirse a escribir como piensan; pues adivinan que si lo hicieran, el asunto tratado podría adquirir un cariz demasiado simple. […] Por lo tanto, formulan lo que tienen que decir en locuciones retorcidas y difíciles, neologismos, y períodos dilatados que eluden el pensamiento y lo ocultan. Vacilan continuamente entre el empeño de transmitir lo pensado y el de oscurecerlo. Quieren amañarlo para que adquiera una apariencia culta o profunda, y produzca la impresión de que encierra mucho más de lo que se puede percibir a primera vista. De ahí que lo vayan dispensando por entregas, en sentencias cortas, ambiguas y paradójicas que pretenden decir muchas más cosas de las que dicen (ejemplos excelentes de este tipo los proveen los escritos de Schelling sobre la filosofía de la naturaleza); otras veces presentan su pensamiento bajo un torrente de palabras con una prolijidad insoportable, como si fueran necesarios quién sabe qué prodigiosos recursos para hacer comprensible su sentido; cuando muchas veces se trata de una ocurrencia muy sencilla, si no una mera banalidad (Fichte, en sus escritos divulgativos, y cientos de imbéciles que no vale la pena nombrar, nos proporcionan abundantes muestras de ello con sus manuales de filosofía).

La escritura

La pluma es al pensamiento lo que el bastón es al caminar; pero el andar ligero no requiere bastón, ni el pensamiento perfecto pluma. Sólo cuando uno comienza a envejecer recurre de buena gana al bastón y a la pluma.

Nuestras escuelas

Contemplando la multitud y variedad de centros
para enseñar y aprender, así como la aglomeración
de alumnos y maestros en ellos, se diría que el género humano valora mucho el conocimiento y la verdad. Pero las apariencias engañan. Los primeros
enseñan para ganar dinero, y no persiguen la sabiduría, sino el brillo y la fama que ésta les procura; y
los segundos no aprenden para adquirir conocimientos y entender, sino para poder hablar tonterías y hacerse de un nombre.

El Estado ético

El fin exclusivo del Estado es proteger a los individuos unos de otros, y al conjunto de ellos de los
enemigos externos. Algunos filosofastros alemanes
de los tiempos venales que corren quisieran desfi-
gurarlo, convirtiéndolo en una instancia moraliza-
dora, educadora y edificante; tras lo cual acecha
por supuesto el propósito jesuítico de suprimir la
libertad individual y el desarrollo autónomo del
sujeto, hasta convertir a éste en una mera rueda de
la maquinaria estatal y religiosa, como sucede en
China. Por esa vía se llegó en otro tiempo a la in-
quisición, a los autos de fe y a las guerras de religión. La frase de Federico el Grande «En mi país

cada cual se podrá procurar su felicidad de la manera que mejor estime conveniente» intentaba expresar su determinación de nunca emprender esa vía. A pesar de ello, vemos que todavía hoy el Estado pretende asumir por doquier (con la excepción, más aparente que real, de Norteamérica) el cuidado de las inquietudes metafísicas de sus miembros.

El Estado y su origen

La necesidad del Estado se deriva en última instancia de la reconocida *iniquidad* del género humano, sin la cual a nadie se le hubiera ocurrido pensar en él; pues no habría que estar temiendo constantemente que fueran menoscabados los derechos de cada cual, y una mera asociación para hacer frente a las fieras o a los elementos no guarda sino una semejanza muy remota con un Estado. Desde este punto de vista, resulta obvia la mezquindad y superficialidad de los filosofastros que presentan al Estado, en pomposas formulaciones, como el fin supremo y la culminación de la existencia humana, cantando así la apoteosis de la pequeña burguesía.

Los Estados Unidos

En los Estados Unidos de Norteamérica presenciamos el intento [...] de hacer valer el derecho no contaminado, puro y abstracto. Sólo que el resultado no es muy alentador; pues a pesar de la gran prosperidad material del país, vemos que su idiosincrasia predominante es un mezquino utilitarismo, junto a su inseparable compañera, la ignorancia, la cual a su vez le ha allanado el camino al estúpido fanatismo anglicano, al tonto afán de presunción, a la tosquedad agreste, todo ello ligado a una boba veneración de las mujeres. Pero cosas peores se ven allí a diario: la esclavitud de los negros, que clama al cielo, además de una crueldad extrema con los esclavos; la más injusta opresión de los negros libres; la *lynch-law;* el frecuente asesinato alevoso, que a menudo queda impune; duelos de una crueldad inaudita; el esporádico escarnio público del derecho y las leyes; el desconocimiento de las deudas públicas; la oprobiosa intervención política en una provincia cercana, y ávidas incursiones de saqueo en el rico país vecino como consecuencia de la misma, que luego han tenido que ser disimuladas desde las altas esferas por medio de mentiras que todo el país admite como tales e incluso encuentra graciosas; una oclocracia en aumento; y, finalmente, el influjo corruptor que el mencionado desconocimiento de las leyes cometido por los poderosos no puede menos de tener sobre la moral privada.

La eugenesia

Si se pudiese castrar a todos los canallas y encerrar en conventos a todas las muchachas tontas, dotar de un harén a todos los hombres de carácter noble, y de verdaderos hombres a todas las muchachas talentosas e inteligentes, surgiría muy pronto una generación que eclipsaría la época de oro de Pericles.

Nuestra existencia

A nada se parece tanto nuestra existencia como al resultado de una falta y del disfrute punible de los instintos.

L' existence est une épisode du néant [La existencia es un episodio de la nada].

F

La fama falsa

Entre las formas de fama rápidamente adquiridas hay que contar a la fama falsa, es decir, la artificial, que se obtiene mediante alabanzas injustificadas, buenos amigos, críticos venales, señas desde lo alto o acuerdos por lo bajo, o enaltecimiento de una obra sobre la premisa correcta de que las masas no saben juzgar. Dicha fama se parece a los globos hechos de vejigas de buey que se suelen usar para mantener a flote un objeto pesado. Quizá lo sostengan un tiempo más o menos largo, dependiendo de la manera en que hayan sido inflados y atados; pero terminan por dejar pasar el líquido, y el cuerpo se hunde.

La fe

La fe es como el amor: no se la puede obtener por la fuerza.

Fe en el progreso

El progreso es el sueño del siglo diecinueve, así como la resurrección de los muertos lo fue del décimo; cada época tiene el suyo. Cuando este siglo haya vaciado sus graneros y los del pasado, y haya puesto en una pila las ciencias y las riquezas, ¿aparecerá entonces más pequeño el hombre en comparación con ese amontonamiento? *Misérables parvenus...* [miserables nuevos ricos].

Fe y saber

La fe y el saber no se llevan bien dentro de una misma cabeza: son como un lobo y una oveja encerrados en una misma jaula, donde, por cierto, el saber hace las veces del lobo que amenaza con comerse a su vecina.

El saber está hecho de un material más duro que la fe, de manera que, cuando ambos chocan, esta última es la que se resquebraja.

La felicidad

Hay un solo error innato: creer que estamos aquí para ser felices.

Toda satisfacción –comúnmente conocida por felicidad– es, en el fondo y esencialmente, *negativa,* nunca positiva.

La vida toda es un testimonio de que la felicidad humana está destinada al fracaso o a ser desenmascarada como una ilusión.

El ferrocarril

El *mayor beneficio del ferrocarril* es que salva de una existencia miserable a millones de caballos de tiro.

Fetiches y reliquias

La veneración que la gran masa culta le dispensa al genio, parecida a la que los creyentes rinden a sus santos, degenera fácilmente en una ridícula adoración de las reliquias. Así como miles de cristianos les rezan a las reliquias de un santo cuya vida y doctrina desconocen; y así como la religión de miles de budistas consiste más en la adoración del *dalada* (el diente sagrado), o de cualquier otra *dhātu* (reliquia), del *dagoba* que lo contiene, del sagrado *pāttra* (escudilla), de la huella petrificada de Buda o del árbol sagrado que Buda plantó, que en un conocimiento concienzudo y en la práctica fiel de su excelsa doctrina; así la casa de Petrarca en Arquà, la que se supone fue la cárcel de Tassos en Ferrara, la casa de Shakespeare en Stratford y la silla que usó, la casa de Goethe en Weimar, junto con todo su mobiliario, el viejo sombrero de Kant, sin olvidar los manuscritos respectivos, son mirados con atónita y solícita veneración por personas que nunca leyeron las obras respectivas. Y es que estas gentes no saben hacer otra cosa que mirar atónitas.

Fichte

Tal como en el antiguo teatro alemán de marionetas se colocaba siempre un bufón *[Hanswurst]* junto al emperador o junto a cualquier otro héroe, para que repitiese luego *a su manera* todo lo que el héroe había dicho o hecho, tras el gran Kant se encuentra el creador de la *Wissenschaftslehre* [Doctrina de la ciencia], que más bien debería llamarse *Wissenschaftsleere* [Vacío de la ciencia]. Este hombre ejecutó con éxito su plan de lograr la fama a través de una mistificación filosófica y cimentar así sólidamente su fortuna personal y la de los suyos

–un plan muy adecuado, por cierto, al talante del público filosófico alemán que debía darle su aprobación–, algo que logró *ofreciendo más* que Kant en todos los órdenes, presentándose como su encarnación superlativa, y trazando una caricatura de la filosofía kantiana al exagerar sus rasgos principales. Pues bien, otro tanto logró en la ética. En su *Sistema de la moral* nos encontramos con que el imperativo categórico ha degenerado en un imperativo despótico: el «debe» absoluto, la razón legisladora y la obligación interior se han transformado en un *fatum* moral, una necesidad inescrutable de que el género humano actúe estrictamente de acuerdo con ciertas máximas, lo cual, a juzgar por el gran número de instancias morales, revestiría una gran importancia, sólo que en ninguna parte se nos dice *cuál*.

En medio de todas sus pedanterías, sin embargo, resalta de manera especial la tosquedad filosófica de Fichte, como era de esperar en un hombre a quien la enseñanza nunca dejó tiempo para aprender.

El hijo de Fichte, el filósofo Immanuel Hermann

En Berlín lo llamábamos simplemente el *Simplicissimus*.

Filosofar con mente estrecha

Oír cantar a una persona ronca o ver bailar a un tullido es penoso; pero presenciar cómo filosofa una mente estrecha es insoportable.

La filosofía de cátedras y congresos

Sólo las ciencias ya consolidadas y verdaderamente existentes merecen cátedras públicas, con lo que el único requisito para enseñarlas es haberlas aprendido; o sea, que sólo cabe transmitirlas, como bien lo expresa la palabra *tradere* que figura en las carteleras; lo cual no impide que las cabezas más preclaras puedan, si lo desean, enriquecerlas, corregirlas y perfeccionarlas. Pero resulta verdaderamente absurdo autorizar a catedráticos a enseñar una ciencia que aún no existe, que no ha alcanzado su objetivo, que ni siquiera conoce con seguridad su curso futuro y sobre cuya misma posibilidad cabe albergar serias dudas. A raíz de ello, cada uno de esos catedráticos cree que está llamado a crear la ciencia que falta; sin pensar que ésta es una competencia que imparte la naturaleza y no el Ministerio de Educación Pública. Trata, pues, de arreglárselas como puede, y he aquí que pronto da a luz un engendro al que intenta hacer valer como la tan añorada *sophia* [sabiduría] sin que seguramente falte algún colega diligente que se preste a servir de padrino en el correspondiente bautizo. No es de extrañar, pues, que más tarde esos mismos señores, por vivir de la filosofía, tengan la osadía de hacerse llamar *filósofos* y considerarse dignos de esta altisonante palabra y responsables de tomar decisiones en todo lo concerniente a esta disciplina; y que lleguen incluso a convocar *congresos de filósofos* (una *contradictio in adjecto* [autocontradicción], puesto que los filósofos rara vez aparecen sobre esta tierra en dúos, y casi nunca en número mayor de dos), y luego acudan en tropel para discutir el futuro de la filosofía.

La filosofía como profesión

El camino hacia la verdad es largo y escarpado, y nadie que lleve plomo en los pies podrá remontarlo; más bien se requiere tener alas para hacerlo. De ahí que yo sea partidario de que la filosofía deje de ser una manera de ganarse la vida; como ya lo habían reconocido los antiguos, la majestad de sus aspiraciones no se compagina con un fin crematístico. No hay por qué mantener en cada universidad a unos cuantos charlatanes insulsos para que les arruinen de por vida a los jóvenes el gusto por la filosofía.

La filosofía futura

A mí se me podrá sobrepasar en extensión, mas no en profundidad.

La filosofía y la filosofía universitaria

¿Qué diablos le importa a mi filosofía, una filosofía sutil que carece básicamente de requisitos previos; que no hace concesiones ni posee valor nutritivo; que tiene como único norte la verdad desnuda carente de remuneración y amistades, una verdad a menudo perseguida que persigue firmemente su objetivo sin mirar a izquierda y derecha; qué le importa a ella, repito, su *alma mater,* la útil y nutritiva filosofía universitaria, que con cientos de propósitos y miles de prejuicios a sus espaldas, se nos acerca con cautelosa parsimonia, sin perder de vista en ningún momento el miedo al amo, la voluntad del Ministerio público, las ordenanzas parroquiales, los deseos del editor, el apoyo de los estudiantes, las buenas relaciones con los colegas, la marcha de la política cotidiana, la tendencia momentánea del público y tantas otras cosas más? ¿Y qué tiene en común mi seria y callada búsqueda de la verdad con las disputas académicas de cátedras y banquillos, a las que siempre subyacen intereses personales? Estos dos tipos de filosofía son, sin duda alguna, radicalmente heterogéneos entre sí.

Si lo único que estuviese en juego fuese promover la filosofía y avanzar por el camino de la verdad, yo aconsejaría poner fin a las vanas exhibiciones dialécticas que se llevan a cabo en las universidades. Pues las universidades no son el lugar apropiado para una filosofía que se ejerza de manera seria y honesta; su puesto en ellas suele haber sido usurpado por una marioneta maquillada que se ha disfrazado con su ropa, y que debe representar su papel y gesticular como un *nervis alienis mobile lignum* [«un títere de madera movido por fuerzas extrañas», Horacio, *Saturae* II, 7, 82].

Flagelos sociales de nuestro tiempo

Dos cosas distinguen principalmente la situación social de nuestro tiempo de la situación social de la Antigüedad, en desmedro de nuestro tiempo, pues ensombrecen a éste con un matiz siniestro del que la Antigüedad (alegre y despreocupada, como la aurora de la vida) se hallaba exenta. Me refiero al principio del honor caballeresco y a la enfermedad venérea. [...] ¡Que estos dos flagelos de nuestro tiempo puedan ser erradicados en el siglo XIX!

El francés

Dejemos ahora constancia del punto máximo de esa fatua vanidad nacionalista francesa que desde hace siglos es objeto de burla en toda Europa; he aquí su *non plus ultra*. En el año de 1857 apareció la quinta edición de un libro para uso universitario: *Notions élémentaires de grammaire comparée, pours servir à l'étude des trois langues classiques, rédigé sur l'invitation du ministre de l'Instruction publique, par Egger, membre de l'Institut, etc. etc.,* donde, nótese bien, la «tercera lengua clásica» a la que se alude (*credite posteri!* [Horacio, *Carmina* II, 19, 2]) es nada menos que… la *francesa*. En otras palabras: esta misérrima jerga románica; esta pésima mutilación de palabras latinas; esta lengua que debería alzar la vista con respeto hacia su más antigua y venerable hermana, la italiana; esta lengua, cuya característica peculiar son las repugnantes nasales *en, on, un,* así como un espasmódico y extremadamente desagradable acento en la última sílaba, mientras que todas las demás lenguas se valen de las tranquilizantes graves; esta lengua, carente de toda métrica; en que la rima, que por cierto recae casi siempre sobre *é* u *on,* constituye la única forma de poesía; ¡esta miserable lengua es exhibida aquí como *langue classique* al lado de la griega y la latina! Convoco a toda Europa a una *huée* [abucheo] general para humillar a estos señores tan presumidos e impúdicos.

Los franceses

Otras partes del mundo tienen monos; Europa tiene franceses. Una cosa compensa la otra.

Los franceses y su uso del griego

Los franceses, incluidas las academias, se portan con la lengua griega de la manera más desvergonzada: se adueñan de sus palabras para distorsionarlas [...], escriben los términos griegos como lo haría un joven campesino francés que los hubiera oído distraídamente de una boca extraña. ¡Si al menos los eruditos franceses se tomaran la molestia de aparentar que entienden el griego! Pero presenciar cómo esa lengua noble es desbaratada con el mayor desparpajo en aras de una jerigonza tan repugnante como lo es la francesa (ese italiano corrompido de una manera tan desagradable, con sus nasales y sus largas y horribles vocales terminales) es como mirar a una araña de la India occidental mientras se come a un colibrí, o a una tortuga mientras se traga a una mariposa. Pero como los señores de la academia siempre se dirigen unos a otros por medio del título de *«mon illustre confrère»* [mi ilustre cofrade], lo cual produce un efecto imponente debido al correspondiente juego de deslumbramientos recíprocos, sobre todo cuando es visto desde lejos, emplazo a los *illustres confrères* a que consideren ahora mismo lo siguiente: o dejan en paz a la lengua griega y se las apañan como pueden con su propia jerigonza, o utilizan las palabras griegas sin mutilarlas.

G

La gloria

La gloria es el barullo de la vida, y la vida la gran parodia de la voluntad; es decir, algo más mentiroso que el hombre, que ya es decir.

El golpear las puertas

La tolerancia generalizada contra el ruido innecesario, como, por ejemplo, contra el golpear las puertas, costumbre tan vulgar como poco educada, es sin duda un signo del embrutecimiento generalizado y de la escasez de ideas. En Alemania todo pareciera estar enfocado a lograr por medio del ruido que nadie pueda concentrarse.

Las gramáticas griega y latina

Creo que el aprendizaje de las gramáticas griega y latina desde los seis hasta los doce años de edad sienta las bases del embotamiento posterior en la mayoría de los académicos.

H

Hegel

Dilapidador de papel, tiempo y cerebros.

No, lo que veis ahí no es ciertamente un águila; basta con que observéis sus orejas.

A Hegel, repugnante charlatán sin talento e incomparable garabateador de disparates, se le ha llegado a proclamar en Alemania como el mayor filósofo de todos los tiempos, y durante veinte años miles de personas lo han tomado como tal de una manera firme e inconmovible, incluyendo, fuera del país, a la Academia de Dinamarca, la cual ha salido en defensa de su reputación contra mi persona y lo ha querido reivindicar como un *summus philosophus*.

El que se haya formado una alianza de periodistas con el propósito de enaltecer lo malo, y el que asalariados catedráticos de la hegelianería, junto con asistentes empobrecidos que aspiran a serlo, proclamen sin descanso, y con un atrevimiento nunca visto, que aquel sujeto de poco tino, pero gran charlatán, es el más grande filósofo de todos los tiempos, no merece la más mínima consideración; sobre todo porque hasta el menos experimentado nota la torpeza con que se pretende ocultar la verdadera intención que subyace a esto. Pero cuando se llega al grado de que una academia extranjera asume la defensa de aquel filosofastro como *summus philosophus,* e incluso se toma la libertad de injuriar al hombre que, honestamente y sin miedo, ha sabido enfrentar una fama falsa, usurpada, comprada, y urdida de mentiras con la única firmeza que cuadra a aquella otra manera osada de ensalzar e imponer lo falso, lo perverso y lo que corrompe los intelectos, entonces la cosa se torna más seria; pues un juicio con este aval podría hacer que los incautos incurrieran en un error de graves consecuencias, y por lo tanto debe ser *neutralizado.*

El *summus philosophus* de la Academia Danesa extrae, al llegar a este punto, la conclusión siguiente: «Cuando una vara sostenida desde su punto de equilibrio gana peso en uno de sus lados, se inclina en esa dirección; pero una vara de hierro, una vez que ha sido magnetizada, se inclina en esa dirección; por lo tanto, se ha hecho más pesada». Se trata de un razonamiento análogo al siguiente: «Todos los gansos tienen dos extremidades inferiores; tú tienes dos extremidades inferiores; luego, tú eres un ganso». Pues usado en forma rigurosa, el silogismo de Hegel reza: «Todo lo que se hace más pesado de un lado, se inclina hacia él; esta vara magnetizada se inclina hacia un lado; luego, se ha hecho más pesada en él». He ahí la silogística de este *summus philosophus* y reformador de la lógica, al cual alguien olvidó recordar que *e meris affirmativis in secunda figura nihil sequitur* [de premisas afirmativas en la segunda figura silogística no cabe concluir nada].

Aparte de garabatear sinrazones, otra de las principales manías del susodicho charlatán era la ostentación; de ahí que, cada vez que podía, mirase con menosprecio, desde las alturas de su construcción verbal y de forma altanera, irritante, desdeñosa y burlona, no sólo los sofismas de los demás, sino cada ciencia, amén de su respectivo método, así como todo lo que el espíritu humano hubiera podido conquistar a lo largo de los siglos con agudeza, esfuerzo y disciplina; y hasta logró despertar en el público alemán una elevada opinión acerca de esa sabiduría suya cubierta de un incomprensible abracadabra.

Hegel como corruptor de la juventud

Mientras que otros sofistas, charlatanes y oscurantistas se limitaron a falsear y arruinar el *conocimiento,* Hegel corrompió incluso el *órgano* del mismo, a saber, el intelecto mismo. Al obligar a sus confundidas víctimas a embutirse en la cabeza, haciéndolo pasar por conocimiento racional, un galimatías formado de los más toscos absurdos, un tejido de *contradictionibus in adjecto* [autocontradicciones], así como disparates que parecieran salidos de un manicomio, logró sacar de sus cabales, dejándolos inservibles para el verdadero pensamiento, los cerebros de esos pobres jóvenes sedientos de algo a lo que entregarse con pasión para formarse un juicio acerca de la verdad. A consecuencia de ello, a éstos se los ve hasta el día de hoy merodeando por ahí, expresándose en una repugnante jerigonza hegeliana, alabando al maestro y asegurando muy seriamente que cabe atribuir algún significado a frases como «La naturaleza es la idea en su ser-otro» [*«Die Natur ist die Idee in ihrem Anderssein»*]. Desorganizar así las mentes jóvenes y candorosas es un verdadero pecado que no merece perdón ni indulgencia.

El hegelianismo

Una filosofía cuya sentencia fundamental es «El ser es la nada» debería estar en el manicomio, y en cualquier parte salvo en Alemania ya se la habría recluido en uno.

Si yo dijera que la llamada filosofía de este Hegel es una mistificación de proporciones colosales que será para la posteridad una fuente inagotable de burlas sobre nuestro tiempo; una pseudofilosofía que, paralizando todas las facultades mentales, asfixia cualquier actividad auténtica del pensamiento, y que debido a un criminal abuso del lenguaje sustituye a aquél por una retahíla de palabras totalmente hueras, carentes de sentido, irracionales y, a juzgar por su éxito, idiotizantes; una pseudofilosofía que en su núcleo está basada en una absurda ocurrencia tomada al vuelo; privada tanto de fundamentos como de resultados —es decir, que ni ha sido probada, ni prueba o explica ella misma cosa alguna—, y para colmo carente de originalidad; en fin, una mera parodia del realismo escolástico y a la vez del spinozismo, un monstruo que en su reverso, por si fuera poco, aspira a representar al cristianismo; en una palabra

πρόσθε λέων, ὄπιθεν δὲ δράκων, μέσση δὲ χίμαιρα
(ora leonis erant, venter capra, cauda draconis)
[por delante, un león, por detrás, un dragón, en el centro, una cabra.

Homero, *Ilíada*, VI, 181];

si yo dijera todo esto, tendría razón. Y si añadiera que este *summus philosophus* de la Academia Danesa ha garabateado más absurdos que mortal alguno que lo antecedió, y que, por lo tanto, si alguien lee su más elogiada obra, la tal *Fenomenología del espíritu,* sin sentir que se halla en un manicomio, merece estar en uno; entonces seguiría teniendo razón.

En toda la historia de la literatura antigua y moderna no se puede encontrar un ejemplo de fama indebida comparable al de la filosofía hegeliana. Nunca antes, ni en lugar alguno, se había visto que lo puramente ruin, lo patentemente falso, lo absurdo, e incluso ininteligible –expuesto, para colmo, de una forma extremadamente desagradable y repugnante– fuera exaltado como la más sublime sabiduría y lo más maravilloso del mundo, con un atrevimiento tan irritante y una insistencia tan férrea como en aquella filosofía bastarda desprovista de todo valor. [...] Por más de un cuarto de siglo esa fama audazmente urdida de embustes ha prevalecido como veraz, y la *bestia trionfante* ha prosperado y reinado sobre la república alemana de los académicos; tanto, que ni siquiera los pocos adversarios de esta quimera se han atrevido a hablar del miserable causante de la misma sino como de un genio poco común y una inteligencia privilegiada, y siempre con la más profunda veneración. Pero nada de ello podrá impedir que al final se extraigan las debidas consecuencias; este período habrá de figurar en la historia de la literatura como una mancha indeleble de la nación y de nuestro tiempo, y será objeto de la burla de los siglos venideros... ¡y con razón!

Los hegelianos

Cuando un *hegeliano* de repente se descubre a sí mismo contradiciéndose en alguna de sus afirmaciones, dice: «El concepto acaba de transformarse en su contrario».

En esta categoría cabe incluir la burda desvergüenza con que los hegelianos se explayan largamente en sus escritos –sin que venga a cuento y sin más preámbulos– sobre el llamado «espíritu», confiando en que nadie se hallará lo suficientemente perplejo por el galimatías que emplean como para enfrentarse, como debería suceder, con el señor profesor y preguntarle: «¿El espíritu? ¿Quién es ese señor? ¿De qué lo conocen ustedes? ¿No es acaso una arbitraria y cómoda hipóstasis, que jamás han definido, y mucho menos deducido o probado? ¿Creen hallarse frente a un auditorio de ancianas?». He ahí el lenguaje que cuadra a semejante filosofastro.

Herbart

Pensar en compañía de mentes extravagantes, es decir, de aquellas que se pusieron la inteligencia al revés (de las que Herbart es un buen ejemplo), arruina la inteligencia.

La historia de la filosofía

Leer en lugar de las obras escritas por los mismos filósofos todo tipo de exposiciones de sus doctrinas, o incluso una historia de la filosofía cualquiera, es como entregarle a otro la comida de uno para que se la mastique. ¿Leeríamos acaso la historia universal si cada uno tuviera la posibilidad de contemplar con sus propios ojos los sucesos del pasado que le interesan?

La verdadera familiaridad con los filósofos se alcanza sólo a través sus propias obras, nunca mediante exposiciones de segunda mano. [...] La lectura de las obras originales de los auténticos filósofos tiene, aparte de ello, una influencia benéfica y estimulante sobre el espíritu, al ponerlo en contacto directo con una mente muy superior que razona de manera independiente, mientras que en las historias de la filosofía la mente sólo obtiene el impulso proveniente de la acartonada forma de

pensar de una cabeza mediocre que amaña los hechos a su antojo.

Historia de la literatura, encuadernada en piel

La *historia de la literatura* es, en su mayor parte, el
catálogo de un museo de engendros. El alcohol en
el que éstos se conservan por más tiempo es la piel
de cerdo.

El hombre, un animal egoísta

La motivación más importante y fundamental del
ser humano, como de los animales, es el *egoísmo,* es
decir, el ansia irrefrenable de existir y llevar una
vida agradable. [...] El *egoísmo* está conectado, e
incluso se identifica, con el núcleo más íntimo y
esencial de los animales y el hombre. Por eso casi
todas las acciones humanas proceden del egoísmo,
y siempre se debe comenzar por éste cuando se trata de explicarlas; como también está en la base del
cálculo de los medios por los que se puede inducir
a los hombres a perseguir determinados fines. El
egoísmo, en sí mismo, no conoce fronteras. El ser
humano desea preservar su existencia a toda costa;
estar absolutamente libre de dolores (incluyendo
entre éstos las carencias y la pobreza); obtener la

mayor suma de bienestar posible; y disfrutar de cualquier placer que pueda sentir, e incluso desarrollar dentro de sí nuevas formas de experimentar placer; todo lo que se opone a su egoísmo despierta su animadversión, su cólera y su odio, e intenta aniquilarlo como si se tratase de un enemigo. Quiere, hasta donde ello sea posible, disfrutar de todo, poseerlo todo; pero como esto es imposible, al menos aspira a gobernarlo todo: «¡Todo para mí y nada para los demás!», he ahí su consigna. El egoísmo es colosal y se erige por encima del mundo.

El hombre, un depredador controlado

Es preciso leer historias de crímenes y descripciones de situaciones anárquicas para entender al hombre desde el punto de vista moral. Esas miríadas de seres humanos que, ante nuestros ojos, se congregan y realizan tratos pacíficos los unos con los otros deben ser vistos como tigres y lobos cuyas fauces están controladas por un fuerte bozal.

El hombre, un mecanismo de relojería

Es realmente increíble cuán insípida y desprovista de sentido transcurre la vida de la mayoría de los hombres, si es vista desde fuera, y apática e inconsciente, si es sentida desde dentro. Se trata de un lánguido anhelar y torturarse, un ensimismado dar tumbos a través de las cuatro edades, en compañía de una serie de pensamientos triviales, hasta llegar a la muerte. Los hombres se parecen a mecanismos de relojería a los que se les da cuerda y que funcionan sin saber por qué lo hacen; cada vez que un hombre es concebido y nace, el reloj de una vida humana es rebobinado de nuevo, para que repita una y otra vez la misma cantaleta tocada ya innumerables veces, frase por frase y compás por compás, con variaciones insignificantes.

El hombre, un muñeco

A veces me sorprendo a mí mismo hablando con los hombres como un niño con su muñeco: el niño sabe que el muñeco no lo comprende, pero a través de un consciente y agradable autoengaño obtiene la alegría de comunicarse con alguien.

El hombre, un ser social

Un grupo de puerco espines se apiñaron densamente un frío día de invierno para obtener calor y salvarse de morir congelados. Muy pronto, sin embargo, sintieron las púas recíprocas, lo que los obligó a separarse de nuevo. Cada vez que la necesidad de calentarse los reunía, volvía a presentarse aquel otro inconveniente, por lo que siempre se veían arrastrados entre uno y otro tipo de sufrimiento, hasta que finalmente encontraron una moderada distancia entre ellos que les permitía soportar su situación. Así, la necesidad de vivir en sociedad, nacida del vacío y de la monotonía del yo interior, atrae a los seres humanos los unos hacia los otros; pero sus numerosos rasgos desagradables y errores imperdonables vuelven a separarlos. La distancia intermedia, que terminan por hallar y hace posible su convivencia, viene dada por la amabilidad y las buenas costumbres. A aquel que no guarda esa distancia se le advierte en Inglaterra: *Keep your distance!* Es cierto que esa distancia satisface sólo a medias la necesidad de obtener calor recíproco; pero al menos evita que se sienta el dolor de las púas. Quien disponga, sin embargo, de suficiente calor interno hará bien en mantenerse alejado de la sociedad, para así no molestar ni ser molestado.

El hombre, un veneno

Los llamados seres humanos, con escasas excepciones, no son otra cosa que sopas con arsénico.

El hombre, una mancha de ignominia en la naturaleza

En el mundo hay un solo ser que dice mentiras: el *hombre*. Todos los demás son auténticos y sinceros, en la medida en que se dan a conocer como lo que son y actúan de acuerdo a lo que sienten. Una expresión emblemática, o quizás alegórica, de esta diferencia fundamental es que todos los animales se desplazan en su apariencia natural, y esto contribuye considerablemente a la impresión favorable que produce el contemplarlos (algo que por lo menos a mí, sobre todo cuando no están en cautiverio, me alegra profundamente el corazón); mientras que el hombre, debido a su vestimenta, se ha convertido en una caricatura, un monstruo cuyo espectáculo, ya desagradable por este mero hecho, se ve acentuado por la tez blanca que le es tan poco natural, y por todas las nefastas secuelas de una alimentación contra natura a base de carne, así como por las bebidas alcohólicas, el tabaco, los excesos y las enfermedades. ¡El ser humano constituye una mancha de ignominia en la naturaleza!

El hombre y los animales

Así como la inteligencia de mi perro, y en ocasiones también su estupidez, me han sorprendido muchas veces, otro tanto me ha ocurrido con el género humano. La incapacidad, completa carencia de juicio y bestialidad de este último han provocado mi indignación en innumerables ocasiones, y me he visto obligado a suscribir el viejo lamento:

Humani generis mater nutrixque profecto stultitia est

[La estulticia es indudablemente la madre y nodriza del género humano].

El mundo no es un mecanismo, ni los animales son artefactos para nuestro uso. [...] A los fanáticos y a los curas les aconsejo que no me lleven la contraria en este punto; pues esta vez no sólo nos asiste la *verdad,* sino también la *moral*.

Hombres y mujeres

Cuando la naturaleza dividió en dos al género humano, no realizó el corte precisamente por la mitad. El polo positivo y el negativo, a pesar de su oposición, no se diferencian únicamente de manera cualitativa, sino también cuantitativa. Los antiguos y los pueblos orientales tienen al respecto una concepción adecuada de las mujeres, y les han asignado el lugar que les corresponde de una forma mucho más objetiva que nosotros, influenciados como estamos por nuestra galantería de la vieja Francia y una insípida veneración hacia las mujeres, ese fruto supremo de la estupidez cristiano-germánica que ha servido para hacerlas arrogantes y desconsideradas hasta el extremo de que a veces le recuerdan a uno los monos sagrados de Benarés, los cuales, conscientes de su carácter sagrado e intangibilidad, sienten que pueden hacer todo lo que les plazca.

I

Los idealistas alemanes

Entre las desventajas que la filosofía de las universidades le ha acarreado a la auténtica filosofía, la que es practicada con seriedad, destaca el descuido de que ha sido víctima la filosofía kantiana a causa de las fanfarronerías del trío de sofistas vociferantes: me refiero en primer lugar a Fichte, seguido de Schelling, dos autores que al menos no carecían de talento; y luego a Hegel, ese charlatán tosco y repugnante, ese hombre funesto que ha desorganizado y arruinado por completo las mentes de toda una generación.

El igualitarismo

El entendimiento no es una magnitud extensiva, sino intensiva: por ello una persona puede batirse, confiada, contra diez mil, y una asamblea de mil tontos no da un solo hombre inteligente.

La naturaleza es aristocrática, más aristocrática incluso que cualquier sistema feudal o de castas. Por ello, su pirámide arranca desde una base muy amplia y termina en una cúspide muy afilada. Y aun cuando la plebe y la chusma, que no soportan que nada los supere, consiguieran derrocar todas las demás formas de aristocracia, a ésta tendrían que dejarla en pie... sin recibir a cambio ni las gracias, ya que la naturaleza actúa precisamente «por la gracia de Dios».

El imperativo categórico, una poltrona para asnos

Ya es tiempo de que se ponga a la ética en el banquillo de los acusados. Desde hace más de medio siglo reposa en la cómoda poltrona que Kant le asignara: la del imperativo categórico de la razón práctica. En nuestros días, sin embargo, este último es invocado la mayoría de las veces bajo el título no tan fastuoso, sino más llano y ordinario, de «ley moral» [Sittenge-

setz], que le permite, tras hacer una ligera venia a la razón y a la experiencia, colarse sin ser visto; sin embargo, en cuanto se ha instalado en su casa, no cesa de dar órdenes y dictar disposiciones; y a partir de ese momento ya no le rinde cuentas a nadie. Que Kant, como padre de la criatura, que se había servido de ella para ocultar algunos errores más gruesos, dejara las cosas así, era justo y necesario. Pero presenciar cómo ahora incluso los asnos se solazan en la poltrona que él introdujera y que cada día se vuelve más fofa con el uso, no es nada fácil. Me refiero a los acostumbrados redactores de compendios que, con la tranquila confianza que les insufla su falta de juicio, imaginan que han fundado la ética cuando se remiten a esa *ley moral* que supuestamente habita en el seno de nuestra *razón,* y proceden a añadirle una prolija y confusa madeja de frases con la que tan hábilmente saben hacer incomprensibles hasta los aspectos más claros y sencillos de la vida; sin que al acometer esta empresa se hayan seriamente preguntado por un instante si tal ley moral se encuentra escrita, cual cómodo código de conducta, en nuestro cerebro, nuestro pecho o nuestro corazón. De ahí que yo no pueda ahora ocultar la satisfacción con que me dispongo a sustraerle a la moral su amplia poltrona, y revele sin tapujos mi proyecto de demostrar que la razón práctica y el imperativo categórico kantianos no son otra cosa que fantásticas conjeturas totalmente injustificadas y carentes de fundamento.

La incineración de las viudas

El que las viudas sean incineradas vivas junto con el cadáver de su esposo es ciertamente una costumbre repulsiva; pero también lo es el que dilapiden junto con sus amantes la fortuna que su cónyuge, convencido de que estaba trabajando para sus hijos, reunió mediante el esfuerzo sostenido de toda una vida.

El individuo

Desde un punto de vista *general* [...] la naturaleza habla de este modo: «El individuo no es nada, y menos aun que nada. Destruyo a diario a millones de individuos, por mero juego y entretenimiento; dejo su destino a merced del más variable y caprichoso de mis hijos, el azar, que los acosa según le place. Son también millones los que creo a diario, sin que por ello mengüe en lo más mínimo mi fuerza productiva, como no mengua la de un espejo por numerosos que sean los rayos de sol que sucesivamente proyecta sobre una pared. El individuo no es nada».

El indogermánico

No sabemos nada sobre el lenguaje de los antiguos germanos, y me atrevo a conjeturar que debió ser muy distinto del gótico, es decir, del nuestro; pues somos, *al menos* en lo que respecta al lenguaje, *godos*. Nada me indigna más que la expresión lenguas *indogermánicas;* es decir, el que se trate de poner en el mismo plano la lengua de los vedas y la jerga casual de los susodichos desolladores de osos.

El infierno

El susodicho dogma –tomado *sensu proprio* en este caso– provoca indignación. Pues no sólo pretende que incluso personas de apenas veinte años tengan que expiar sus faltas o su mero escepticismo a través de castigos eternos; esta condena casi universal es en el fondo el resultado del pecado original, y por lo tanto una consecuencia necesaria de la primera caída del hombre; la cual debió haber sido prevista por Aquel que omitió crear hombres que fueran mejores de lo que son, y que además les tendió una trampa en la que sabía que habrían de caer, teniendo en cuenta que todo es obra suya y que nada se le oculta. Eso significa que habría creado de la nada a una estirpe débil y sometida al pecado para entregarla después a interminables tormentos. Finalmente, hay que añadir que el mismo Dios que prescribe la indulgencia y el perdón de cualquier culpa –hasta el extremo de exigir que se ame a los enemigos– no sólo no los practica, sino que incurre en lo contrario; pues un castigo impuesto al final del mundo, cuando ya todo ha pasado y se ha consumado para siempre, no puede perseguir la enmienda o la disuasión; y, por lo tanto, es una mera venganza. Pero entonces, de hecho, el conjunto del género humano pareciera estar predestinado y creado expresamente para el tormento eterno y la perdición, si se prescinde de algunas excepciones que, por haber recibido –no se sabe a cuento de qué– la gracia divina, obtienen la salvación. Apartando a estas últimas, sin embargo, el resultado pareciera ser que el buen Dios ha creado al mundo para que el diablo se lo lleve; lo cual implica que le hubiera valido más dejar las cosas como estaban.

El infierno de Dante

Todo el *Inferno* de Dante no es, en el fondo, sino una *apoteosis de la crueldad,* y en el penúltimo canto se glorifica además la falta de honor y de escrúpulos.

El inglés como argumento contra los optimistas

Es sabido que las lenguas, en sentido gramatical, son tanto más perfectas cuanto más antiguas sean, y empeoran paulatinamente con el tiempo, desde el sánscrito primigenio hasta llegar a la jerga inglesa, esa capa de pensamientos tejida con retazos de muy diversa procedencia. Tal degradación paulatina es un argumento de peso contra las teorías que nuestros optimistas, con una insípida sonrisa, adelantan acerca del «ininterrumpido progreso de la humanidad hacia su mejoramiento», a cuyo objeto son capaces de distorsionar a su antojo la historia deplorable de nuestra especie bípeda.

Los ingleses y la iglesia

Si quieres apreciar con tus propios ojos y de cerca lo que una vacunación religiosa temprana es capaz de lograr, observa a los ingleses. Mira cómo esta nación –que la naturaleza ha dotado de entendimiento, genio, buen juicio y firmeza de carácter como a ninguna otra– ha caído por debajo de las demás y se ha hecho despreciable a causa de su estúpida superstición clerical, la cual destaca entre sus otras capacidades como una obsesión fija, una monomanía. Ello se debe a que los ingleses han puesto la educación en manos del clero, el cual se ha encargado de inocularles desde la más temprana juventud los dogmas de la fe hasta causarles una especie de parálisis cerebral, cuya manifestación vitalicia es un fanatismo idiota que hace que incluso los más talentosos e inteligentes de ellos se corrompan y consigan engañarnos por un instante acerca de su verdadera índole.

Entre cincuenta ingleses será difícil encontrar a más de uno que se muestre de acuerdo cuando alguien se expresa con merecido desprecio sobre el fanatismo estúpido y degradante de su nación; suele entonces ser, eso sí, alguien con la cabeza bien puesta.

El instinto sexual

Las obsesiones procedentes del *instinto sexual* son como *fuegos fatuos:* nos obnubilan completamente; pero si las seguimos, nos conducen al pantano, para luego desvanecerse.

J

La jerga del vacío de ideas

Algunos, para ocultar su carencia de auténticas ideas, se construyen un imponente andamiaje de palabras largas y compuestas, intrincadas fórmulas retóricas, períodos interminables, expresiones novedosas e inauditas, que dé como resultado una jerga lo más difícil y erudita posible. Con todo esto, sin embargo, no logran decir nada; a la postre uno no escucha nuevos pensamientos, no ve enriquecidos sus conocimientos y se ve obligado a suspirar: «Oigo el tableteo del molino, pero no veo la harina por ninguna parte»; o también puede ocurrir que perciba demasiado claramente cuán pobres, vulgares, insulsos y toscos puntos de vista se esconden tras esta exaltada ampulosidad.

El judaísmo y la ausencia de derechos de los animales

La supuesta carencia de derechos en los animales, o sea, la idea equivocada de que nuestros actos para con ellos no tienen significación moral alguna o, como suele decirse en el argot de esa misma moral, que no existen deberes hacia los animales, es sin lugar a dudas una crueldad y una barbaridad del Occidente, cuyos orígenes están en el judaísmo.

Los judíos

El propio pueblo elegido de Dios no nos permite olvidar que, tras haber hurtado en Egipto, por orden expresa de Jehová, las vasijas de oro y plata que sus antiguos y confiados amigos les habían prestado, emprendió, con el asesino Moisés a la cabeza, su campaña de rapiña y asesinatos a través de la tierra prometida, para arrebatársela a sus legítimos dueños, por ser «tierra de promisión», ya que aquel mismo Jehová había ordenado que no fuesen a tener piedad de nadie; y así, mataron y exterminaron sin piedad a todos los habitantes, incluyendo mujeres y niños (Josué, 10 y 11), por el solo hecho de que no habían sido circuncidados y no conocían a Jehová, lo que sería razón suficiente para justificar cualquier horror contra ellos. De igual manera, la infame canallada que el patriarca Jacob y sus elegidos perpetraron contra Jamor, rey de Siquem, y su pueblo (Génesis, 34) nos había sido relatada antes como algo glorioso, sólo porque los involucrados no eran creyentes.

Los judíos y su concepción de la naturaleza

Es obvio que ha llegado la hora de que la concepción judía de la naturaleza llegue a su fin en Europa, por lo menos en lo que respecta a los animales, y que *el ser eterno que habita en todos los animales no menos que en nosotros* sea reconocido como tal, no siga siendo maltratado y obtenga el respeto que merece. ¡Tomad nota! Va en serio y es irreversible, aunque cubráis toda Europa de sinagogas.

Los jueces populares

En lugar de jueces preparados y duchos (a quienes les hayan salido canas desenmascarando a diario los engaños y delitos que ladrones, asesinos y truhanes intentan perpetrar, y que de esta manera hayan aprendido a llegar hasta el fondo de las cosas), tenemos ahora en las audiencias de los juicios a compadre sastre y maese zapatero, que, con su razón simple, tosca, inexperta, vacilante, e incapaz de sostener la atención, intentan descubrir la verdad entre una confusa maraña de engaños y apariencias, mientras que simultáneamente piensan en su tela y su cuero y añoran regresar a sus respectivos hogares, pero sin tener –lo que es más grave– la más mínima idea de la diferencia que existe entre la verosimilitud y la certeza; y así, practican en sus tontas cabezas una suerte de *calculus probabilium* [cálculo de probabilidades], con el cual enseguida se dan confiados a la tarea de sentenciar sobre la vida y la muerte de los demás. [...] Ahora bien, dejar que este jurado decida sobre los crímenes contra el Estado y su jefe, y además sobre los delitos de prensa, equivale a poner al lobo a cuidar a las ovejas.

El juego de cartas

La necesidad de excitar la voluntad se manifiesta de manera significativa en el descubrimiento y evolución del juego de cartas, el cual es la expresión auténtica de una faceta lamentable de la humanidad.

En todos los países el juego de cartas se ha convertido en la ocupación principal de la sociedad: es el criterio de valor de la misma, y la declaración de bancarrota de las ideas. No habiendo pensamientos que intercambiar, se intercambian cartas y se procura arrebatarle al prójimo sus guineas. ¡Oh, estirpe miserable!

El juego de cartas tiene un efecto desmoralizador. Pues toda su gracia se cifra en que por cualquier recurso, truco o estocada, se le arrebate al otro lo que es suyo. Pero la costumbre de proceder así en el juego echa raíces y se extiende hacia la vida práctica, y poco a poco hace que uno se comporte del mismo modo en todos los asuntos que conciernen a la propiedad y considere correcto el aprovechar cualquier ventaja que se tenga, con tal de que esté permitida por la ley.

Jung-Stilling

Es realmente vergonzoso que el tan cristiano y devoto Jung-Stilling traiga a colación en sus *Escenas del mundo de los espíritus* (vol. 2, escena I, p. 15) la alegoría siguiente: «De repente, el esqueleto se encogió hasta tomar la forma de un pequeño enano indeciblemente repugnante, de la misma manera que la sangre purulenta de una araña crucera, si se la coloca en el foco de una lupa, empieza a crepitar y hervir». En otras palabras, este hombre de Dios ha perpetrado, o al menos presenciado impasible (lo que en nuestro caso viene a ser lo mismo) una infamia como la descrita; es más, le preocupa tan poco el hecho, que nos lo relata a la ligera, sin el más mínimo remordimiento. He ahí los efectos del primer capítulo del Génesis y, en general, de toda la concepción judía de la naturaleza. […] No me vengáis con vuestra moral intachable.

K

Kant

Si se me permitiera ahora, para animar la exposición, una alegoría jocosa e incluso frívola, compararía a Kant, en su tendencia a mistificarse a sí mismo, con un hombre que en un baile de disfraces corteja toda la noche a una bella dama enmascarada, convencido de haber hecho una conquista; hasta que al final del baile ésta se descubre el rostro y se da a conocer… como su esposa.

Kant y el derecho a mentir

Deducir la ilegitimidad de la mentira a partir de la *facultad de hablar,* como hacen algunos manuales siguiendo a Kant, es tan banal, pueril y de mal gusto, que para burlarse de ello bastaría con entregarse al diablo y decir con Talleyrand: *l'homme a reçu la parole pour pouvoir cacher sa pensée* [El hombre ha recibido el lenguaje para poder ocultar sus pensamientos].

Quien es descubierto en la casa de habitación de un hombre cuya hija corteja, y es interrogado por éste sobre la causa de su inesperada presencia, dará una respuesta falsa sin pensarlo dos veces, a menos que sea un completo estúpido.

Kant y lo que vino después

A la época deslumbrante de Kant sucedió inmediatamente en la filosofía alemana otra en la que se intentó, en lugar de convencer, avasallar; en lugar de ser riguroso y claro, ser brillante e hiperbólico (y, para colmo, incomprensible); y en lugar de buscar la verdad, intrigar. Mientras eso duró, la filosofía no pudo hacer progreso alguno. Finalmente advino la bancarrota de toda esta escuela y su método. Pues en Hegel y sus partidarios la insolencia con que se garabateaban desvaríos, por un lado, y sus panegíricos desvergonzados, por otro, alcanzaron cotas tan colosales, y la premeditación de toda la bendita actividad se hizo tan patente, que finalmente a todos se les cayó la venda de los ojos sobre esta charlatanería, y a consecuencia de ciertas revelaciones se le retiró al asunto, junto con su protagonismo, la protección que recibía desde arriba. Esta pseudofilosofía arrastró consigo al abismo del descrédito a sus propios predecesores Fichte y Schelling. Así ha quedado al descubierto la incompetencia de los cincuenta años que sucedieron a Kant en Alemania, a pesar de que, frente a otros países, los alemanes sigan alardeando de sus dotes filosóficas; sobre todo desde que un escritor inglés tuviera la ironía maliciosa de llamarlos un pueblo de pensadores.

En la filosofía kantiana es común hablar del uso, así como de la validez, *inmanente* y *trascendente* de nuestros conocimientos; era poco aconsejable que nuestros filósofos de mentirillas se las vieran con distinciones tan escabrosas; pero la tentación, debido a lo cultas que sonaban, fue demasiado fuerte para resistirse. Así pues, como su filosofía tiene como único objeto de estudio nada menos que al buen Dios, que figura en ella cual viejo conocido que no necesita de presentaciones, utilizaron aquellas distinciones para discutir si Dios está oculto en el mundo, o se aloja más bien fuera del mismo (es decir, en un lugar donde no existe mundo alguno); en el primer caso le pusieron la etiqueta de *inmanente,* y en el segundo la de *trascendente,* adoptando al hacerlo, por supuesto, un aire muy severo y docto, y valiéndose además de la jerga hegeliana; y así se divirtieron de lo lindo. Todo lo cual nos recuerda a quienes tenemos cierta edad los grabados del almanaque satírico de Falk, que mostraba a Kant volando en globo hacia el firmamento y arrojando toda su ropa, incluyendo sombrero y peluca, a tierra, donde los simios la recogían y se disfrazaban con ella.

Todos los filosofastros y visionarios, guiados por el denunciante de ateos F. H. Jacobi, corrieron hacia esa pequeña compuerta que se les abría inesperadamente, para ofrecer en venta sus baratijas, o salvar lo que pudieran de los cachivaches heredados, a los cuales la doctrina de Kant amenazaba con triturar. Así como en la vida de un individuo un solo error juvenil a menudo arruina el resto de su existencia, así aquel único error de Kant, consistente en postular una razón práctica equipada de atribuciones totalmente trascendentes, que sentenciaba, como las cortes supremas de apelaciones, «sin necesidad de aducir razones», bastó para que de una filosofía crítica sobria y rigurosa emanasen las más dispares doctrinas de una razón que primero *presentía* tímidamente lo *«sobrenatural»,* luego lo *percibía* claramente, y finalmente lo *«aprehendía intelectualmente»;* razón a la que cualquier sujeto extravagante podía endilgar, como sentencias y revelaciones «absolutas» (es decir, dictadas *ex tripode),* sus propias ensoñaciones. Este flamante privilegio fue utilizado sin remilgos. He ahí, pues, el origen de ese método filosófico que hizo irrupción inmediatamente después de la doctrina de Kant, consistente en mistificar, avasallar, engañar, deslumbrar con falsas apariencias y hablar frivolidades, y cuya época será algún día conocida en la historia de la filosofía como «período de la mala fe». Pues la honestidad de investigar algo junto con el lector, que tanto había caracterizado los escritos de todas las filosofías anteriores, brilla aquí por su ausencia; el filosofastro de esta era no se propone enseñar al lector, sino deslumbrarlo; cada página da fe de ello. Como héroes de esta época destacan Fichte y Schelling, y por último el tosco e insípido charlatán Hegel, indigno incluso de ellos y muy inferior a su talento. El coro lo formaron luego los más variados profesores de filosofía, que se dedicaron, con el ceño fruncido, a entretener a su público con historias sobre el infinito, el absoluto y un sinfín de cosas más sobre las que no podían tener la más mínima idea.

Kant y sus sucesores

¿Cómo han de estar en condiciones de entender las profundas investigaciones de Kant esas cabezas que desde su más temprana juventud han sido dislocadas y corrompidas por los desvaríos de la hegelianería? Se acostumbraron desde muy pronto a confundir las más hueras baratijas verbales con ideas filosóficas, los más pobres sofismas con agudeza, los más pueriles devaneos con dialéctica; y sus cabezas están desorganizadas como resultado de la asimilación de delirantes constelaciones de palabras, en las que la mente se martiriza y agota en vano tratando de sacar algo en limpio. Para ellos no hay crítica de la razón ni filosofía que valgan; lo que requieren es una *medicina mentis,* tal vez precedida, como κα-θαρτικόν [depurador], de un *petit cours de sens-communologie* [un pequeño curso de sentidocomunología]; y habrá que ver después si cabe siquiera hablar de filosofía en relación con ellos.

L

Leibniz

¿Creéis acaso, con Leibniz, que el mundo real es el mejor de los mundos posibles? En cuanto a mí, apenas conozco el mundo real, y no tengo el honor de conocer los posibles.

A las demostraciones palpablemente sofísticas de Leibniz, de que este mundo es el mejor de los posibles, se le puede oponer en primer término, con el corazón en la mano, la prueba de que es el *peor* de los mundos posibles.

La lectura

Leer significa pensar en cabeza ajena, en lugar de hacerlo con la propia.

La furia por la lectura en la mayor parte de los académicos es una especie de *fuga vacui,* una huida de la carencia de ideas de su propio cerebro, que incorpora lo ajeno a la fuerza; para tener ideas, estos académicos deben haberlas leído en alguna parte, así como los cuerpos inertes sólo pueden recibir su movimiento desde fuera; mientras que los que piensan por sí mismos se asemejan a los seres vivos, que espontáneamente dan testimonio de sí mismos.

Con respecto a nuestras lecturas es muy importante dominar el arte de *no* leer. Consiste en que aquello que mantiene en cada época ocupado al gran público no se tome entre las manos por este mero hecho, como ocurre con los panfletos políticos o literarios, las novelas, la poesía y otras cosas semejantes, que hacen ruido en un momento dado, y que incluso pueden alcanzar varias ediciones en su primer y único año de vida.

Exigir que un individuo recuerde todo lo que ha leído es como pedir que todavía lleve dentro de sí todo lo que ha comido.

La lectura excesiva

Las personas que se pasan la vida leyendo y derivan toda su sabiduría de los libros se parecen a aquellas que han obtenido datos precisos sobre un país a partir de muchos relatos de viaje. Estas personas podrán dar todo tipo de informaciones, pero en el fondo no poseen un conocimiento articulado, claro y profundo de la naturaleza del lugar. En cambio, los que se han pasado la vida pensando son como los que han visitado el país en cuestión; sólo ellos saben realmente de qué se está hablando, conocen las cosas de primera mano en su ambiente original y se orientan en el sitio con desenvoltura.

La libertad

El *liberum arbitrium indifferentiae* [libre albedrío] se ha convertido, bajo el nombre de «libertad moral» *[die sittliche Freiheit],* en uno de los juguetes más apreciados entre los profesores de filosofía; hay que dejarlos que jueguen… siempre que sean, eso sí, inteligentes, rectos y honestos.

Los libros

Jerjes, según Heródoto, lloró al contemplar su inmenso ejército, pensando que dentro de cien años ninguno de aquellos soldados seguiría con vida; de la misma manera, ¿cómo no sentir ganas de llorar al ver el grueso catálogo de libros en venta, con sólo pensar que, de todos esos libros, ninguno sobrevivirá más de diez años?

Lutero, traductor de la Biblia

La traducción de Lutero luce simultáneamente vulgar y devota, es a menudo inexacta (incluso deliberadamente), y mantiene todo el tiempo un tono clerical y edificante.

M

La madurez en el hombre y la mujer

Cuanto más noble y perfecta es una cosa, tanto más tarde y despacio llega a su madurez. El hombre difícilmente alcanza la madurez de su razón y de sus fuerzas mentales antes de los veintiocho años de edad; la mujer, en cambio, ya lo ha hecho a los dieciocho, pero su razón es por ello mismo bastante limitada. Así, las mujeres permanecen niñas toda su vida: perciben sólo lo más cercano, se ciñen al presente, confunden las cosas con su apariencia y anteponen frivolidades a los asuntos más importantes.

El maltrato de los animales

Al pájaro, que está hecho para atravesar volando la mitad del mundo, el hombre lo confina al espacio de un pie cúbico, donde lentamente se muere de nostalgia y canta; pues

L'uccello nella gabbia
canta non di piacere ma di rabbia

[El pájaro en la jaula no canta de placer sino de rabia].

¡Y a su más leal amigo, el perro, que es tan inteligente, lo ata de una correa! Nunca contemplo a un perro así sin sentir la más grande lástima por él y a la vez una profunda indignación contra su amo; y recuerdo con satisfacción el caso reportado hace unos años en el *Times,* de un lord que poseía un gran perro al que mantenía atado de una correa, y al que una vez, cuando atravesaba su patio, se dignó hacer una caricia; a lo cual este último reaccionó destrozándole el brazo de uno a otro extremo. ¡Bien merecido! Con ello quería decir: «Tú no eres mi amo, sino un demonio que convierte mi corta existencia en un infierno». Ojalá les suceda igual a todos los que mantienen atados a sus perros.

Marco Polo y los grandes viajeros

Los viajes a países muy remotos y poco explorados traen como consecuencia que uno se haga famoso por lo que ha visto y no por lo que ha pensado.

La masa

La multitud tiene ojos y oídos, pero no mucho más; a lo sumo una paupérrima capacidad para juzgar, e incluso escasa memoria.

Es poco lo que piensa la gran masa; pues no dispone del ocio y el ejercicio necesarios. De ahí que conserve sus errores durante mucho tiempo, pero que no sea, a diferencia del mundo académico, una mera veleta en la rosa de las opiniones que cambian a diario. Y menos mal que es así; pues es terrible la idea de una masa grande y pesada que se mueva de una manera tan brusca, sobre todo cuando se considera lo que ella podría arrastrar y derribar a su paso.

El matrimonio

El género femenino lo exige y lo espera *todo* del masculino, a saber, todo lo que anhela y necesita. El masculino le pide al femenino, en principio y fundamentalmente, sólo *una* cosa. De ahí que haya sido necesario crear la institución según la cual el género masculino puede obtener la sola cosa que pide, a cambio de asumir el cuidado del *todo,* incluyendo el cuidado de los hijos surgidos de la relación; en esta institución se cifra el bienestar de la totalidad del género femenino.

No se va al matrimonio en busca de una conversación ingeniosa, sino para engendrar hijos; el matrimonio es una alianza de corazones, no de mentes. El que las mujeres a veces afirmen haberse enamorado del espíritu de un hombre no deja de ser una pretensión frívola y ridícula, o acaso la exageración de un ser anormal.

Casarse sólo «por amor» y no lamentarlo enseguida, es más, el mero hecho de casarse, es como meter la mano en un saco, esperando sacar a ciegas una anguila entre un montón de serpientes.

En nuestro segmento monogámico del mundo, casarse significa reducir a la mitad los derechos propios y duplicar sus obligaciones.

Casarse consiste en hacer todo lo posible para provocarse asco mutuamente.

Los matrimonios felices, como bien se sabe, son escasos.

Las *leyes europeas del matrimonio* equiparan a la mujer con el hombre, y parten, por lo tanto, de una premisa falsa.

El matrimonio por amor

Los matrimonios por amor se celebran en interés de la especie, no de los individuos. Es cierto que los contrayentes creen estar favoreciendo su propia felicidad; pero el verdadero fin de sus actos se les escapa, pues no es sino el nacimiento del individuo que ellos harán posible. Vinculados por esa finalidad compartida, deben de ahí en adelante tratar de sobrellevarse mutuamente lo mejor que puedan. No obstante, la pareja reunida por esa alucinación instintiva que constituye la quintaesencia del amor apasionado será a menudo completamente heterogénea. Eso queda de manifiesto cuando el susodicho delirio, como era de esperar, se desvanece. De ahí que los matrimonios contraídos por amor suelan ser desgraciados; pues con ellos se provee a la generación venidera a costa de la presente. *Quien se casa por amores, ha de vivir con dolores*[1], dice el refrán español.

Da la impresión de que cada vez que se celebra un matrimonio resultasen afectados o bien el individuo o bien el interés de la especie. Y, de hecho, la mayor parte de las veces sucede así; pues el que coincidan lo conveniente y el amor apasionado es la feliz excepción que confirma la regla.

---

1. En castellano en el original. *(N. del T.)*

El matrimonio y la fidelidad conyugal

La fidelidad conyugal es artificial en el hombre y natural en la mujer; por lo tanto, el adulterio de la mujer –tanto objetivamente, a causa de sus consecuencias, como subjetivamente, por ir contra la naturaleza– es mucho menos excusable en ésta que en aquél.

La memoria

La memoria es un ser caprichoso y tornadizo, que se puede comparar a una joven muchacha: a veces se niega a dar lo que ya ha dado cien veces; y en cambio más tarde, cuando menos se espera, lo da sin que uno se lo pida.

Mentes vulgares, de las que el mundo está repleto

Lo que les falta a las pobres mentes vulgares de las que el mundo está repleto son dos capacidades muy afines, a saber, la de juzgar y la de poseer ideas propias.

Las mentiras

Así como nuestro cuerpo está revestido de ropa, así nuestro espíritu está revestido de *mentiras*. Nuestros discursos, nuestras acciones y todo nuestro ser son mendaces; sólo muy esporádicamente se puede discernir a través de este velo nuestro verdadero carácter, como se adivina un cuerpo tras la ropa que lleva puesta.

La metafísica alemana

Cuando en Inglaterra se quiere describir algo como muy oscuro, e incluso incomprensible, se suele decir: «*It is like German metaphysics*».

La metafísica de los filósofos de cátedra

Entre los filósofos de cátedra el verdadero y fundamental tema de la metafísica es la explicación de la relación de Dios con el mundo; sus libros están repletos de las más prolijas disquisiciones sobre el asunto. Sienten que reciben su sueldo sobre todo para aclarar este punto, y que en eso reside su misión; y es muy divertido constatar con qué solemnidad y pedantería hablan del Absoluto o de Dios, adoptando un aire de seriedad como si supieran lo que están diciendo; recuerda a la seriedad con que los niños practican sus juegos. No es de extrañar, pues, que en cada feria del libro surja una nueva metafísica, consistente en un prolijo informe acerca del buen Dios, que informa acerca de su estado y de cómo fue que llegó a crear, engendrar o producir de cualquier otra forma el mundo; pareciera como si cada seis meses recibieran las últimas noticias acerca de Él.

Moisés

Moisés fue el autor de esa frase tantas veces repetida por la posteridad, según la cual Dios, tras la creación, habría lanzado una mirada al mundo y encontrado que todo era bueno: πάντα καλά. ¡Caramba! ¡Se ve que el bueno de Dios no era demasiado quisquilloso! [...] ¡Pues bien! Decidme de todo corazón si este πάντα καλά no os parece una broma de mal gusto.

Jacobo Moleschott, el positivista

Por fin he leído algo de Moleschott, a saber, pasajes de su *Circuito de la vida* [*Der Kreislauf des Lebens*]. De no saber que esta obra había sido escrita por el famoso señor Moleschott, hubiera creído que procede, no ya de un estudiante, sino de un aprendiz de barbero que ha tomado cursos de anatomía y fisiología. Tan crudo, ignorante, tosco, insípido, desgarbado y en general lleno de tropiezos es el resultado.

Los monjes

Un monje auténtico es un ser extremadamente honorable; pero, en la mayoría de los casos, el hábito es un mero disfraz bajo el cual, como en los bailes de máscaras, no se oculta un verdadero monje.

La monogamia

Con respecto a la relación entre los sexos ningún lugar del mundo es tan inmoral como Europa, a consecuencia de su monogamia, que tanto se opone a la naturaleza.

No hay manera de entender racionalmente por qué un hombre cuya esposa sufre de una enfermedad crónica, demuestra ser estéril, o se ha convertido progresivamente en demasiado vieja para él, no habría de poder tomar una segunda por añadidura.

Sólo en Londres hay 80.000 prostitutas. ¿Qué son éstas, sino mujeres que han salido tremendamente perjudicadas por la institución de la monogamia, auténticas víctimas humanas sacrificadas en el altar de la monogamia?

Sobre la *poligamia* no hay nada que *discutir;* hay que tomarla como un hecho que está presente en todas partes y al que sólo cabe *regular.* ¿Dónde están los verdaderos monógamos? Todos nosotros vivimos, *al menos* durante algún tiempo, en la poligamia. Si cada hombre necesita varias mujeres, debería por lo tanto tener la posibilidad, e incluso la prerrogativa, de mantener a varias. Con ello se le estaría restituyendo a la mujer su puesto natural de subordinación, y la *dama,* esa monstruosidad de la civilización europea y de la estulticia cristiano-germánica, con sus ridículas pretensiones de respeto y veneración, habría sido erradicada de la faz de la tierra, y quedarían sólo *mujeres;* pero al menos no *mujeres desgraciadas,* de las que ahora Europa se encuentra repleta.

El monoteísmo

La intolerancia es consustancial al monoteísmo; un Dios que gobierna solo es, en esencia, un Dios envidioso que no tolera a otros dioses en su cercanía.

Los monumentos

Erigir un monumento a alguien cuando aún está vivo es como declarar que uno no se fía de que la posteridad se acuerde de él.

La moral

Acaso una mirada retrospectiva hacia los más de dos mil años de infructuosos esfuerzos por dotar a la moral de un fundamento seguro consiga enseñarnos que no existe una moral natural independiente de las instituciones humanas, y que la moral es simplemente un artefacto, un recurso inventado para controlar mejor al egocéntrico y malvado género humano.

Los mormones

Lo que les granjea tantos conversos a los mormones parece ser la supresión de la tan antinatural monogamia.

La mosca

La mosca debería tomarse como símbolo de la desvergüenza y la osadía. Pues mientras el resto de los animales evitan al hombre más que nada en el mundo y huyen de él al verlo desde lejos, aquélla se le posa en la nariz.

La mujer, el bello sexo

Denominar bello sexo al género de corta estatura, hombros estrechos, caderas anchas y piernas cortas sólo podría habérsele ocurrido al intelecto masculino, ofuscado como está por el instinto sexual; instinto en el que cabe retrotraer toda la belleza de aquel género.

La mujer, el segundo sexo

Las mujeres son *sexus sequior,* el segundo sexo, inferior al masculino en *todo* respecto. Uno debe perdonar sus debilidades; pero rendirles homenaje es sumamente ridículo y nos degrada ante sus ojos.

La mujer en general

Con sólo observar la figura femenina se percibe que la mujer no está hecha para grandes tareas espirituales o corporales. Va saldando su deuda con la vida no mediante sus actos, sino a través de sus padecimientos, con los dolores del parto, el cuidado del niño y la sumisión al marido, de quien debe ser una compañera sufrida y reconfortante. Los pesares, alegrías y esfuerzos más intensos no le han sido deparados; se supone que su vida se desarrolla de una manera más tranquila, intrascendente y agradable que la de su marido, sin que por ello haya de ser más feliz o infeliz.

La mujer para amar: belleza y edad

El punto de vista supremo que guía nuestra elección y nuestra inclinación es la *edad*. En general toleramos los años comprendidos entre el comienzo de la menstruación y su final, pero preferimos el período comprendido entre los dieciocho y los veintiocho años. En cambio, fuera de aquel primer margen, ninguna mujer nos atrae; una mujer madura, es decir, que ya no menstrúa, provoca repulsión. La juventud sin belleza tiene siempre algún atractivo; pero la belleza sin juventud, ninguno.

La mujer para casarse: mejor rica que pobre

Las mujeres que fueron pobres antes de casarse suelen ser más exigentes y derrochadoras que las que trajeron consigo una buena dote, debido a que las jóvenes ricas no sólo aportan la dote, sino también un mayor cuidado que las pobres, y hasta un instinto heredado, para conservarla. [...] En todo caso, yo le aconsejaría a quien se case con una muchacha pobre que no le deje por herencia todo su capital, sino una mera renta; pero sobre todo que vele por que el dinero de los hijos no caiga nunca en sus manos.

La mujer y su miopía

La razón es lo que le permite al ser humano no limitarse, como los animales, a vivir en el presente, sino abarcar de una ojeada pasado y futuro y reflexionar al respecto; eso da lugar a su previsión, cuidado y frecuente ansiedad. La mujer participa menos tanto de las ventajas como de las desventajas que esto representa, debido a que su razón es más débil; es, en principio, un miope de espíritu, en cuanto su entendimiento intuitivo capta adecuadamente lo que se halla a corta distancia, mientras que su estrecho campo visual no le permite abarcar objetos alejados; por eso, lo ausente, pasado y futuro incide en las mujeres menos que en nosotros, lo cual da lugar al derroche, que en ellas es mucho más frecuente y a veces raya en la locura: δαπανερὰ φύσει γυνή [«la mujer es derrochadora por naturaleza», Menandro, *Sentencias,* 97].

[...] Todo esto, a pesar de sus numerosos inconvenientes, tiene al menos la ventaja de que la mujer se abre al presente más que nosotros, por lo que, siempre que éste sea llevadero, lo disfruta más; y eso da lugar a la alegría que la caracteriza y la hace tan apta para reconfortar al hombre agobiado por las preocupaciones.

La mujer y sus armas naturales

La naturaleza quiso lograr con las jóvenes lo que en dramaturgia se denomina un «golpe de escena» cuando decidió dotarlas de sobreabundante belleza, encanto y esplendor por unos cuantos años, a costa del resto de sus días; con el propósito de que durante esos años capturara de tal modo la fantasía del hombre, que éste se viera inevitablemente arrastrado a asumir de buena gana su cuidado parcial o total por el resto de su vida; un paso para el que la mera reflexión racional no parecía proporcionar garantía suficiente. Por consiguiente, la naturaleza proveyó a la mujer, como a cualquier otra criatura, de las armas e instrumentos que necesita para asegurar su existencia, y sólo durante el tiempo que lo necesita; y procedió en ello con su habitual economía. Así como la hormiga hembra, después del acoplamiento, pierde sus alas superficiales, que pudieran incluso poner en peligro el proceso de incubación; así también la mujer, tras uno o dos partos, pierde su belleza; y posiblemente por la misma causa.

Las mujeres, por ser más débiles, se ven obligadas por la naturaleza a depender no de la fuerza, sino de la astucia; de ahí su hipocresía instintiva y su inmodificable tendencia a la mentira. Pues de la misma manera la naturaleza ha dotado de garras y dientes al león, de colmillos al elefante, de cuernos al toro y de tinta de camuflaje al calamar, también ha equipado a la mujer con el arte del disimulo para su protección y defensa, dispensándole con ese don una fuerza análoga a la que otorgara al hombre en fuerza física y capacidad racional. Por eso, el fingimiento es connatural a la mujer, y se encuentra tanto en las mujeres tontas como en las inteligentes. Emplearlo de continuo le resulta a ella tan natural como lo es para los animales mencionados recurrir a sus defensas; y siente al hacerlo que hasta cierto punto está ejerciendo un derecho.

Mujeres de la vida alegre

Las llamadas mujeres de la vida alegre llevan una vida desprovista de alegría y honor, y sin embargo resultan necesarias bajo las [actuales] circunstancias [monogámicas]; por ello, representan un estamento públicamente reconocido, cuya finalidad específica es proteger a aquellas otras mujeres afortunadas que ya han encontrado marido –así como a las que esperan encontrarlo– del peligro de ser seducidas.

Las mujeres, las mentiras y el disimulo

A la mujer, como al calamar, le gusta esconderse en el disimulo, y nada a sus anchas en la mentira.

Todos los seres humanos mienten, ya desde tiempos de Salomón; pero en aquel entonces la mentira era todavía un vicio congénito o el antojo de un momento, y no una necesidad y una ley, como lo es hoy en este aclamado despotismo de las mujeres.

Es quizás imposible encontrar una mujer completamente sincera y sin disimulo. Ésta es la razón de que las mujeres puedan percibir el fingimiento ajeno con tanta facilidad; por lo que no es aconsejable valerse del mismo en su presencia.

Las mujeres y el dinero

Las mujeres siempre creen en el fondo de su corazón que la misión del hombre es ganar dinero, mientras que la suya es gastarlo; gastarlo en vida del esposo, si ello fuera posible, pero al menos tras su muerte, en caso contrario. El que el hombre le entregue su sueldo para el mantenimiento del hogar la confirma en esta su convicción.

Las mujeres y el mando

Que la naturaleza ha predestinado a la mujer para la obediencia es algo que queda de manifiesto por el hecho de que cada vez que alguna es colocada en un estado –antinatural para ella– de total independencia, muy pronto se une a un hombre, al que permite que la guíe y domine; pues necesita un amo. Si es joven, se tratará de un amante; si es anciana, de un confesor.

Las mujeres y el patrimonio

Todas las mujeres, con escasas excepciones, tienden al despilfarro. Por eso, todo patrimonio –apartando los casos aislados en que ellas mismas lo hayan adquirido– debería ser puesto fuera del alcance de su irresponsabilidad.

Las mujeres y el perjurio

Las mujeres incurren en perjurio mucho más frecuentemente que los hombres. Cabe incluso preguntarse si se les debería permitir prestar juramento.

Las mujeres y la decadencia

Las mujeres son quienes más han contribuido a contagiar el mundo moderno con la lepra que lo corroe.

Las mujeres y la inteligencia

La falta de inteligencia no perjudica con las mujeres; más bien, una capacidad mental que sobresale, o incluso la genialidad, en tanto anormales, podrían ser contraproducentes. No es inusual, por lo tanto, ver las mujeres que prefieren a un hombre feo, tonto y tosco, a uno culto, inteligente y amable.

Las mujeres y la justicia

Las mujeres, que debido a la debilidad de su razón son mucho menos capaces que los hombres de comprender *principios* generales y adoptarlos y conservarlos como norma, por lo general les van a la zaga a éstos en la virtud de la justicia, y, en consecuencia, también en honestidad y escrupulosidad; de ahí que la injusticia y la falsedad sean sus vicios más comunes, y las mentiras constituyan su verdadero elemento. [...] La mera idea de una mujer en el cargo de juez da risa.

En relación a la justicia, la honradez y la escrupulosidad [las mujeres son inferiores a los hombres]. Pues, debido a su débil raciocinio, lo presente, lo visible y lo que tiene vigencia inmediata ejercen sobre ellas una fuerza contra la cual las máximas vigentes, las decisiones alcanzadas, y en general las consideraciones relativas al pasado y al futuro, a lo ausente y a lo alejado, rara vez son efectivas.

Las mujeres y la política

¿Acaso el influjo de las mujeres en Francia, en creciente ascenso desde Luis XIII, no fue el responsable de la progresiva corrupción de la corte y del gobierno que causó la primera Revolución, fuente a su vez de todos los trastornos posteriores?

Las mujeres y la solidaridad

Entre hombres lo natural es la indiferencia; pero
entre las mujeres lo natural es la animadversión.
[...] Con sólo encontrarse en la calle se miran unas
a otras como güelfos y gibelinos.

Las mujeres y los niños

No he contado a la mujer y a los hijos como *lo
que uno tiene,* ya que uno es más bien tenido por
ellos.

Las mujeres son especialmente aptas como nodrizas
y educadoras de nuestra primera infancia, ya que en
sí mismas son pueriles, tontas y poco perspicaces;
en una palabra, son niñas grandes durante toda su
vida; representan una especie de estado intermedio
entre el niño y el hombre adulto que encarna al verdadero ser humano. Obsérvese cómo una muchacha juega, baila y canta días enteros con un niño, y
trátese de imaginar lo que un hombre, por muy
buena voluntad que tuviese, podría lograr si estuviese en su lugar.

Las mujeres y su misión

En el fondo, las mujeres existen únicamente para la propagación de la especie, y toda su misión se reduce a eso; de ahí que usualmente vivan más en la especie que en los individuos, y se tomen más a pecho los asuntos de la especie que los individuales. Esto dota a todo su ser y actuación de una cierta frivolidad y, en general, de una orientación radicalmente diferente de la masculina; lo cual es el origen de la tan frecuente y casi normal desavenencia dentro del matrimonio.

Las mujeres y su posición social

La posición equivocada del género femenino, cuyo síntoma más irritante es nuestro modo de tratar a las «damas», es un crimen capital de nuestro presente estado de la sociedad, que desde su corazón extiende su influencia negativa a todos los sectores.

Las mujeres y sus intereses

Las mujeres no entienden realmente de música, poesía o bellas artes, ni tienen sensibilidad para esas actividades; cuando simulan poseerla y se vanaglorian de ello, se trata de un mero remedo, atribuible a su afán de agradar. Vale decir: no son capaces de sentir un *interés puramente objetivo* en cosa alguna, y la razón de ello es, creo, la siguiente. El hombre aspira siempre a lograr un dominio *directo* sobre las cosas, ya sea comprendiéndolas o controlando su curso. Pero la mujer está, siempre y en todas partes, constreñida a un control sólo *indirecto* de las mismas, a saber, a través del hombre, que es lo único que tiene que dominar directamente. De ahí que le sea connatural el considerarlo todo como un simple medio para conquistar al hombre, y su interés en cualquier otra cosa sea siempre fingido, un mero rodeo (o sea, en el fondo, mera coquetería y afán de remedar). Por ello, ya Rousseau decía: *«Les femmes, en général, n'aiment aucun art, ne se connoissent à aucun, et n'ont aucun génie»* [Las mujeres, en general, no aman arte alguno, no dominan arte alguno y no poseen genio de ninguna especie] (*Lettre à d'Alembert,* nota XX). Cualquiera que no se deje engañar por las apariencias ya se habrá dado cuenta. Basta con observar a qué prestan atención las mujeres en conciertos, óperas y piezas teatrales, y de qué manera lo hacen; por ejemplo, nótese la inconsistencia pueril con que prosiguen su cháchara aun en medio de los episodios más hermosos de las grandes obras de arte.

Las mujeres y sus logros en el arte

Las cabezas más eminentes de todo el género femenino jamás han alcanzado un logro verdaderamente grande, auténtico y original en las bellas artes, y en general, no han podido crear una sola obra de valor permanente. [...] Excepciones aisladas y parciales no alteran este hecho.

¡«Mujeres», que no «señoras»!

Considero como una corrupción del lenguaje el uso equivocado, cada vez más extendido, de la palabra «señoras» *[Frauen]* en lugar de «mujeres» *[Weiber],* lo que supone un empobrecimiento de la lengua; pues «señora» traduce *uxor,* mientras que «mujer» traduce *mulier* (las muchachas no son señoras, sino que anhelan serlo). [...] Las mujeres ya no quieren que se las llame mujeres, por el mismo motivo por el que los judíos prefieren ser llamados «hebreos», los sastres «diseñadores», los comerciantes bautizan su tenducho como «oficina», y cualquier broma o chiste aspira al nombre de «humor»: a saber, porque se le atribuye a una *palabra* lo que no depende de ella, sino de la cosa misma. No es el término lo que ha hecho que el asunto respectivo caiga en descrédito, sino al contrario [...]. La lengua alemana no puede, empero, renunciar a una palabra por un mero antojo femenino. No permitáis, pues, que las mujeres y sus superficiales literatos de tertulia se salgan con la suya.

El mundo

El mundo es mi representación.

Hay que darle la razón a Aristóteles cuando dice: ἡ φύσις δαιμονία, αλλ᾽ ου᾽ θεῖα ε᾽στι (*natura daemonia est, non divina*) [«la naturaleza es demoníaca, no divina», cf. *De divinatione per somnum* 2, 463b 14-15]. Lo que nosotros podríamos traducir como: «El mundo es el infierno».

Si se condujera al optimista más inveterado a través de los hospitales, lazaretos y salas quirúrgicas donde se martiriza a los pacientes; a través de las cárceles, las cámaras de tortura y los encierros de esclavos; a través de los campos de batalla y los tribunales; y luego se le diera acceso a todas las siniestras moradas de la miseria, donde ésta se oculta de las frías miradas de la curiosidad; para finalmente guiarlo hasta la torre donde Ugolino se muere de hambre; entonces seguramente hasta él reconocería la calaña de este *meilleur des mondes posibles*.

El mundo es precisamente *el infierno,* y hombres son tanto las almas atormentadas como los diablos que las atormentan.

Este mundo es el *peor* de los posibles.

No hay que esperar mucho del mundo: las necesidades y el dolor lo colman, y a quienes han logrado librarse de estos últimos les acecha en cada esquina el aburrimiento. Además, por lo general la maldad lo gobierna y la necedad tiene la última palabra en él.

Para disponer en todo momento de una brújula segura con que orientarse en la vida, y contemplar a esta última siempre bajo una luz apropiada sin confundirse, nada hay más útil que acostumbrarse a mirar al mundo como un lugar de expiación, es decir, como una especie de penitenciaría, *a penal colony…* un εργαστέριον [lugar de trabajo] como ya lo habían denominado los más antiguos filósofos […] Entre los males de dicho establecimiento habría que incluir a la sociedad misma, con la que uno se topa en él, y a la que cualquiera que sea digno de una mejor sabrá juzgar muy bien sin mi ayuda.

En el mundo predomina la canalla.

¿Éste es el mundo que ha sido creado por Dios? No, el que ha sido creado por el diablo.

Las musas

El hombre que se empeña en vivir del favor de las musas –quiero decir, de sus propias dotes poéticas– se me parece a una muchacha que vive de sus encantos. Ambos profanan, en aras de una indigna ganancia, lo que debería constituir un gracioso don de su intimidad; ambos padecen de agotamiento; y ambos tienen, en la mayoría de los casos, un fin desgraciado. Por lo tanto, no degradéis vuestra musa al nivel de una prostituta.

N

El nacimiento

La única felicidad consiste en no haber nacido.

El nacionalismo

La tabla de salvación de cualquier pobre diablo que no tiene nada en el mundo de lo que sentirse orgulloso es enorgullecerse de la nación a la que pertenece; esto lo reconforta tanto que en agradecimiento está dispuesto a defender πύξ καὶ λάξ [con manos y pies] todos los defectos y disparates característicos de su nación.

La naturaleza

Natura es una expresión correcta, pero eufemística; con igual derecho se la podría llamar *mortura*.

O

La opinión de los demás

Es un hecho que el valor que asignamos a la opinión de los demás, así como la preocupación que ésta constantemente nos causa, sobrepasa por lo general cualquier tipo de consideración racional, de manera que podría ser vista como una especie de obsesión generalizada, o incluso congénita.

En todo lo que hacemos o dejamos de hacer, la opinión ajena pesa casi más que cualquier otra cosa, y, si recapitulamos, comprobaremos que la mitad de todas las preocupaciones y angustias que hemos tenido se la debemos a ella. Dicha opinión, en efecto, está en la base de todo nuestro amor propio –tan frecuentemente herido por ser tan fácil de herir– así como de todas nuestras vanidades y pretensiones.

El optimismo

El género humano está por naturaleza destinado a la miseria y al fracaso; incluso si el Estado y la Historia lograsen algún día aliviar la injusticia y la necesidad hasta implantar una especie de vida ociosa, los seres humanos se pelearían enseguida entre sí y se lanzarían los unos contra los otros a causa del aburrimiento, o el exceso de población provocaría hambrunas y éstas los diezmarían.

El oscurantismo

El oscurantismo es un pecado, quizá no contra el espíritu santo, pero sí contra el humano; por lo tanto, es imperdonable, y quien lo comete merece que le testimoniemos sin contemplaciones, en cada ocasión que podamos, nuestro desprecio implacable, no sólo mientras viva sino incluso tras su muerte.

Los oscurantistas

Hoy en día hay que considerarlos como gentes que desean apagar la luz para poder robar.

Ostras y champaña

El pequeñoburgués, un hombre sin inquietudes espirituales [...] tampoco experimenta satisfacciones espirituales. [...] Ningún impulso por conocer y comprender, en virtud del conocer y el comprender mismos, alienta su existencia; ningún impulso hacia los verdaderos goces estéticos, tan afines a aquéllos. Y si la moda o la autoridad le imponen alguna vez placeres de este tipo, los rehuye como una especie de trabajo forzoso. Los únicos placeres auténticos que reconoce son los sensoriales; sólo éstos lo complacen. De ahí que las ostras y el champaña representen el punto culminante de su existencia.

P

El pelagianismo

El *pelagianismo* es el intento de hacer que el cristianismo regrese a un judaísmo tosco y banal, y a su correspondiente optimismo.

Los pensamientos ajenos

Sólo los pensamientos propios están dotados de verdad y vitalidad, pues sólo ellos se comprenden plenamente. Los pensamientos ajenos, meramente leídos, son comida recalentada [*geschissene Scheiße*].

Los periódicos

Los periódicos son el segundero del reloj de la historia, un segundero que no sólo está hecho de un metal menos noble como el de los otros dos indicadores, sino que además casi nunca es preciso.

Los periodistas

Una gran cantidad de malos escritores vive enteramente de esa estupidez del público consistente en no querer leer nada excepto lo impreso el mismo día: me refiero a los periodistas. ¡Merecen el nombre que llevan en alemán *[Journalisten]!* Traducido literalmente reza: jornaleros.

Exageraciones de todo tipo son tan características de la jerigonza periodística como del arte dramático. Pues se trata de sacarle el mayor provecho posible a cualquier suceso. De ahí que todos los escritores de periódicos sean alarmistas de oficio: ésa es su manera de hacerse interesantes. En ello no se diferencian, por cierto, del perro pequeño que, al más mínimo movimiento, empieza a ladrar fuertemente. Conviene recordar eso a la hora de sopesar sus toques de alarma, para no dejarse arruinar la digestión.

Personas de poco talento

Quien haya tenido a una tonta por madre, o a un dormilón por padre, jamás podrá escribir una *Ilíada,* aunque estudie en seis universidades.

Placer y dolor

El dolor es el elemento *positivo,* que se anuncia por sí solo; la satisfacción y los placeres son lo *negativo,* mera supresión de aquél.

La poligamia y las suegras

Si la *poligamia* llegara a implantarse, tendría, entre muchas otras ventajas, que uno no entraría en contacto tan estrecho con sus padres políticos, que han sido hasta ahora, por el terror que inspiran, los responsables de frustrar tantos matrimonios. Pero piénsese: ¡diez suegras en lugar de una!

El protestantismo

El protestantismo, por el hecho de rechazar el celibato, e incluso el verdadero ascetismo y a sus representantes los santos, se convirtió en un cristianismo

embotado, o, mejor dicho, truncado, al que le falta-
ba el filo de la hoja, y que por lo tanto terminó por
perder todo significado.

Desde el mismo instante en que eliminó el ascetismo y su punto esencial, es decir, el valor del celibato, el protestantismo echó por la borda el meollo
del cristianismo, y en esa medida debe ser visto
como una degeneración de éste. Esto es algo que se
puede constatar hoy a través de su gradual transfor-
mación en un racionalismo banal, ese pelagianismo
moderno que en el fondo se reduce a la doctrina de
un padre amoroso que ha creado el mundo para
que todos se diviertan en él (lo que por cierto no ha
debido salirle muy bien), y que, con tal de que uno
se pliegue a su voluntad en ciertos puntos básicos,
cuidará de que el venidero sea aún más divertido
(lástima que su comienzo sea tan traumático). Eso
quizá sea una buena religión para pastores protes-
tantes cómodos, casados e ilustrados; pero no es
cristianismo.

Q

Químicos que desean filosofar

Alguien debería decirles a estos señores de tubos de ensayo y retortas que la química por sí sola capacita para ser boticario, pero no filósofo.

R

Los racionalistas

Cierta madre había dado a sus hijos como lectura las *Fábulas* de Esopo, con el propósito de instruirlos y mejorar su carácter. Pero muy pronto éstos le devolvieron el libro, y el mayor, muy sabihondo él, se expresó del modo siguiente: «¡Este libro no es para nosotros!; es muy infantil y estúpido. Ya no nos creemos eso de que las zorras, los lobos y los cuervos puedan hablar; ¡hace tiempo que superamos ese tipo de farsas!» ¿Quién no reconoce en estos precoces muchachos a los futuros racionalistas iluminados?

La reforma del lenguaje

Las mentes vulgares deberían mantenerse sobre los caminos trillados y no intentar reformar el len-

guaje. ¿O acaso la lengua alemana ha sido abando-
nada a su suerte, como minucia que no merece ni
siquiera la protección de la ley, una protección de
la que disfruta cualquier mequetrefe? ¡Miserables
pequeñoburgueses! ¿Qué va a ser de la lengua alemana […]?

Reformadores del mundo

Quien haya venido al mundo para *aleccionarlo* con-
cienzudamente en las cosas importantes, puede
sentirse afortunado si no tiene que dejar el pellejo
en el intento.

La religión

La humanidad crece dentro del traje de la religión
como un niño dentro de su ropa; se haga lo que se
haga, la ropa terminará por desbaratarse.

Las religiones son hijas de la ignorancia que no so-
breviven a su madre.

En siglos pasados la religión fue como un bosque en
el que los ejércitos podían descansar y esconderse.
[…] Pero después de tantas equivocaciones ya no
es sino un bosquecillo en el que ocasionalmente se

refugian los malhechores. De ahí que haya que estar en guardia contra quienes buscan inmiscuirla en todo, y salirles al paso con el proverbio *Detrás de la cruz está el diablo*[2].

La república de los eruditos

En la república de los eruditos sucede más o menos como en la República de México, en la que cada uno mira únicamente por su *propio* bienestar, buscando reputación y poder, sin preocuparse del cuerpo social, el cual por lo tanto termina por destruirse. De la misma forma, en la república de los eruditos cada cual busca hacerse valer sólo a *sí mismo,* para así obtener notoriedad; lo único en lo que están de acuerdo sin excepción es en no dejar surgir a ninguna cabeza realmente talentosa si ésta llegara a aparecer, pues los amenazaría. Las repercusiones para el conjunto de las ciencias son fáciles de prever.

La revelación

Entre las múltiples circunstancias crueles y deplorables de la condición humana una de las no menos destacadas es que no sabemos de dónde venimos,

2. En castellano en el original. *(N. del T.)*

adónde vamos, ni por qué vivimos; cualquiera que haya sido sorprendido y embargado por el sentimiento de este mal no podrá sino experimentar cierto rencor hacia aquellos que alegan poseer información privilegiada al respecto, la cual pretenden comunicarnos bajo el nombre de revelaciones. A los señores de la revelación quiero aconsejarles que no sigan hablando tanto de revelación; ya que de lo contrario les podría ser revelado en qué consiste verdaderamente una revelación.

Reyes constitucionales

Los reyes constitucionales tienen un innegable parecido con los dioses de Epicuro, los cuales, sin mezclarse en los asuntos humanos, están sentados allá arriba en su cielo y gozan de una ininterrumpida felicidad y tranquilidad de ánimo.

El romanticismo

El romanticismo es un producto del *cristianismo:* religiosidad exaltada, extravagante veneración de las mujeres, valor caballeresco –es decir, Dios, la dama y la espada–, he ahí los signos de lo romántico.

Rosas y espinas

No hay rosas sin espinas… mas sí espinas sin rosas.

Rostros desagradables y estúpidos

Una mirada lastimosa (*a sorry sight*) lo es, por lo general, realmente. No faltan quienes, incluso, reflejan en su rostro un talante tan manifiestamente vil y mezquino, además de una estrechez de mente tan rayana en lo animal, que uno se asombra de que sean capaces de exhibirlo en público en lugar de ponerse una máscara.

El ruido

El ruido es la más impertinente de todas las interrupciones, ya que interrumpe, o incluso aniquila, nuestros pensamientos. Por supuesto, donde no hay nada que interrumpir no es extraño que no se lo perciba de modo particular.

S

Las Sagradas Escrituras

No se puede servir a dos amos a la vez: es decir, o se sirve a la razón o a la escritura.

Los sajones

Los *habitantes de la Baja Sajonia* son tontos, pero no torpes; los *de la Alta Sajonia* son torpes, pero no tontos.

Schelling como filósofo de la naturaleza

Me siento como si un niño me hiciese trucos de prestidigitación, y habiéndome yo dado cuenta de cómo manipulaba la bolita para ponerla debajo del cubilete, aquél esperase luego que yo me asombrara de encontrarla allí.

Schelling y los schellingianos

Quien desee demostrar *a priori* lo que sólo se puede conocer *a posteriori,* es decir, a partir de la experiencia, se convierte en un charlatán y se pone en ridículo. Schelling y los schellingianos dieron instructivos ejemplos sobre el particular, cuando –como alguien dijo alguna vez con mucha gracia– pretendieron apuntar *a priori* hacia un objetivo establecido *a posteriori.*

Spinoza

La definición que da Spinoza del amor merece ser citada por su desmedida ingenuidad y para regocijo nuestro: *Amor est titillatio, concomitante idea causae externae* [el amor es un cosquilleo acompañado de la representación de una causa externa] (*Ética* IV, proposición 44, demostración).

Los tormentos que Spinoza, según nos lo relata Colerus, solía infligir a arañas y moscas por diversión, y que hacían que se riera de todo corazón, se corresponden demasiado bien con las sentencias aquí criticadas, así como con los capítulos del Génesis antes citados. Por todo ello, la *Ética* de Spinoza constituye en términos generales una mezcla de lo falso y lo verdadero, lo admirable y lo mezquino.

T

La teología y la filosofía

La teología y la filosofía son como los dos platillos de una balanza. Cuanto más desciende el uno, más sube el otro. Cuanto mayor sea la incredulidad en nuestros días, mayor será la necesidad de filosofía y metafísica; y entonces no tendrán más remedio que acudir a mí.

Los teólogos

El médico ve al ser humano en su flaqueza; el jurista, en su maldad; el teólogo, en toda su estulticia.

El tiempo

El *tiempo* es aquello que hace que cualquier cosa, en todo momento, se nos escurra entre las manos… y así pierda su verdadero valor.

Las traducciones

Toda traducción está muerta y su estilo es forzado, rígido y artificioso; o se convierte en traducción libre, es decir, se contenta con un *a peu près,* y peca por falsa. Una biblioteca de traducciones se parece a una pinacoteca formada de copias.

Los trapenses

El número de trapenses regulares es ciertamente pequeño; en cambio, por lo menos la mitad de la humanidad se compone de *trapenses involuntarios:* su destino es la pobreza, la obediencia, la privación del más mínimo deleite y, en general, de las comodidades más elementales –sin olvidar la abstinencia, ya sea impuesta, ya sea como consecuencia de otras carencias.

El turismo

La *vida de los nómadas,* que representa el estadio más bajo de la civilización, vuelve a encontrarse en el más elevado, bajo la forma de la *vida de los turistas,* hoy tan generalizada. La primera es el resultado de la necesidad; la segunda, del aburrimiento.

Los turistas

Escriben su nombre en los lugares turísticos que visitan, como una manera de reaccionar y dejar su impronta en el sitio, dado que éste no dejó ninguna en ellos.

V

La vanidad en el hombre y la mujer

La vanidad femenina, incluso si no fuera mayor que la de los hombres, tiene de malo que se vuelca completamente hacia cosas materiales, como por ejemplo su belleza personal, y luego las joyas, la riqueza y el lujo. De ahí que la sociedad sea el elemento de la mujer. Este hecho, unido a la cortedad de su razón, la inclina al *derroche,* por lo que ya un antiguo decía: δαπανηρὰ φύσει γυνή [«la mujer es derrochadora por naturaleza», Menandro, *Sentencias,* 97]. Entre los hombres, en cambio, la vanidad se dirige a menudo hacia rasgos del carácter, que no son materiales, como la inteligencia y la erudición, la valentía y cosas semejantes.

La vida

La vida se parece a una pompa de jabón, que conservamos y seguimos inflando tanto tiempo como podemos, aunque sepamos con certeza que explotará.

La vida oscila, como un péndulo, entre el dolor y el aburrimiento.

La vida de la mayoría de la gente es sólo una lucha ininterrumpida por conservar esa misma existencia, a pesar de la firme convicción de que llegará un día en que se perderá.

La vida es un mar lleno de peñas y torbellinos que el hombre evita con la mayor cautela y precaución, a pesar de que sabe que, aunque consiga deslizarse entre ellos empleando todas sus fuerzas y conocimientos, con cada paso que da se aproxima más al naufragio total, inevitable e irreversible, e incluso navega directamente hacia él, es decir, hacia la *muerte:* ésta constituye el destino final de la agotadora travesía, y es para él peor que todos los escollos que haya podido sortear.

Toda vida humana avanza fluyendo entre el deseo y la satisfacción del mismo. El deseo es, por su propia naturaleza, dolor; la satisfacción engendra rápidamente el hastío; el fin se revela como aparente; conquistar algo empaña su atractivo; deseo y necesidad se restituyen bajo una nueva apariencia; de no ser así, sobrevienen la monotonía, el vacío, el aburrimiento, no menos difíciles de combatir que la necesidad.

La vida de cada individuo, si se la contempla en su conjunto reparando sólo en sus rasgos más significativos, es en realidad una tragedia; pero analizada en sus detalles, tiene carácter de comedia.

La vida se nos presenta como un continuo engaño, tanto en lo grande como en lo pequeño.

La vida es un mal. ¡Es un velo que oculta al ser, una carga que la voluntad lleva a rastras! ¡La vida es una caída, es el gran pecado original!

La vida se presenta como una tarea, un *pensum* que hay que absolver, y por lo tanto, en términos generales, una lucha incesante contra la necesidad. Según ello, cada uno busca atravesarla y sobreponerse a ella tan bien como puede; salda su deuda con ella como una penitencia que hay que cumplir. ¿Pero quién contrajo esa deuda? Su progenitor, al disfrutar de la lujuria. Así pues, por el hecho de que alguien haya disfrutado, otro tiene que vivir, sufrir y morir.

La vida debe entenderse, bajo todo punto de vista, como una *severa lección* que se nos imparte, aunque nosotros, con nuestras maneras de pensar orientadas hacia fines totalmente distintos, no podamos comprender qué hizo que la necesitáramos.

La virginidad

La virginidad es hermosa no porque sea una forma de abstinencia, sino porque es una forma de prudencia, en cuanto evade las trampas de la naturaleza.

Visitantes del zoológico

Un animal raro y extraño no puede ser meramente contemplado; hay que estimularlo, incomodarlo, jugar con él, y así experimentar sus acciones y reacciones.

La vivisección

Cuando yo estudiaba en Gotinga, el profesor Blumenbach nos hablaba con gran celo en su clase de fisiología acerca de lo terrible que son las vivisecciones, y nos presentaba su crueldad y horror en todo su alcance, añadiendo que precisamente por eso sólo se debía recurrir a ellas en casos extremadamente raros e investigaciones de suma importancia que tuvieran beneficios inmediatos; incluso así, las vivisecciones debían recibir toda la publicidad posible, y realizarse en un gran salón de conferencias, una vez cursadas invitaciones a todos los miembros de la facultad de medicina, para que de ese modo el cruel sacrificio que se hacía en aras de la ciencia produjera el máximo beneficio. Hoy día, en cambio, cualquier medicucho se siente con derecho a practicar en su cámara de martirios las más crueles torturas de animales, con el fin de resolver problemas cuya solución hace tiempo que figura en libros en los que él es demasiado flojo e ignorante para meter sus narices. Nuestros médicos ya no tienen la formación clásica de otrora, que les daba una cierta humanidad y una pátina de nobleza. Ahora se trata de ir lo antes posible a la universidad, donde lo único que preocupa es aprender a aplicar compresas para luego hacer fortuna.

Los biólogos franceses parecen sentar la pauta con su ejemplo, y los alemanes no les van a la zaga en aplicar los más crueles martirios, que suelen ser numerosos, sobre animales inocentes, para decidir asuntos puramente teóricos y a menudo muy fútiles. Quisiera demostrar lo dicho con un par de ejemplos que me han indignado particularmente, aunque no se trate de casos aislados, sino de dos en un centenar. ¡El profesor Ludwig Fick, de Marburgo, reporta en su libro *Sobre las causas de las formas óseas* (1857) que les ha extirpado a animales jóvenes los globos oculares para confirmar su hipótesis de que una vez sucedido esto los huesos siguen desarrollándose dentro de las cavidades!

Mención aparte merece la atrocidad que cometió el barón Ernst von Bibra, de Nuremberg, que cuenta al público en sus *Investigaciones comparadas sobre el cerebro del hombre y de los vertebrados* (Maguncia, 1854, pp. 131 y ss.) con una ingenuidad incomprensible y *tanquam re bene gesta* [cual si fuera una buena acción]: ¡Dejó sistemáticamente que dos cachorros se *murieran de hambre* para llevar a cabo la investigación completamente ociosa e inútil acerca de si el cerebro sufría algún cambio químico debido a la muerte por inanición! Para beneficio de la ciencia… *n'est-ce pas?* ¿Acaso a estos señores de bisturí y marmita no se les ha pasado por la mente que ante todo son seres humanos, y sólo después químicos? ¿Cómo se puede dormir en paz mientras se tiene bajo llave, para que lentamente se mueran de hambre, a unos pobres animales apenas destetados? ¿No se tendrán pesadillas? […] ¿Y por qué permaneció impune la cruel acción del tal Bibra, en caso de que no pudiera ser evitada? Alguien que todavía tiene tanto que aprender de los libros, como es el caso de este señor Von Bibra, debería ser el último en pensar en exprimir por medio de crueldades las respuestas últimas que busca, sentando a la naturaleza sobre el potro de los tormentos para incrementar su saber; pues quizá los secretos que le está exprimiendo ya eran conocidos desde hace tiempo. En efecto, existen muchas otras e inocuas fuentes donde adquirir ese conocimiento, sin que sea necesario martirizar hasta la muerte animales indefensos. ¿Qué delito ha cometido un pobre cachorro para merecer que alguien lo atrape y lo someta al tormento de una lenta muerte por inanición? Nadie que no conozca ya todo lo que contienen los libros sobre el asunto que se investiga tiene derecho a practicar la vivisección.

Vocación profética de la razón surgida del espíritu de la etimología

Como antesala a la *vocación profética de la razón* se llegó al colmo de recurrir a aquella miserable broma de mal gusto según la cual, como la palabra *Vernunft* [razón] provendría de *vernehmen* [oír, entender], ello implicaría que la razón es una capacidad para *oír* eso que se llama «lo sobrenatural» (νεφελοκοκκυγία, morada en las nubes del pájaro cucú). La ocurrencia tuvo una inmensa acogida, y fue frívolamente repetida hasta el cansancio en Alemania durante tres décadas; incluso se la llegó a convertir en piedra angular de construcciones filosóficas; y con todo, es totalmente evidente que aunque *Vernunft* se deriva, en efecto, de *vernehmen,* lo hace sólo porque otorga a los seres humanos, con respecto al resto de los animales, no únicamente la ventaja de *oír* sino también la de *entender;* pero entender no lo que ocurre en la morada de nubes del pájaro cucú, sino lo que un determinado hombre racional le está diciendo a otro; he ahí lo que este último *entiende;* y la *razón* no es sino la capacidad que le permite hacerlo.

La voluntad

El instinto sexual es el núcleo de la voluntad de vivir, y por ello en él se concentra todo deseo; de ahí que yo en mis escritos haya denominado a los genitales como el punto focal de la voluntad.